苏州园林

金开诚◎主编　李书剑◎编著

吉林出版集团有限责任公司
吉林文史出版社

图书在版编目(CIP)数据

苏州园林/李书剑编著. —长春:吉林出版集团有限责任公司:吉林文史出版社,2009.12
(中国文化知识读本)
ISBN 978-7-5463-1681-9

Ⅰ.①苏… Ⅱ.①李… Ⅲ.①古典园林-简介-苏州市
Ⅳ.①K928.73

中国版本图书馆 CIP 数据核字(2009)第236888号

中国文化知识读本

苏州园林

苏州园林

主编:金开诚　编著:李书剑
责任编辑:曹恒　崔博华　责任校对:王新
装帧设计:曹恒　摄影:金诚　图片整理:董昕瑜
出版发行:吉林出版集团有限责任公司　吉林文史出版社
印刷:永清县晔盛亚胶印有限公司
版次:2010年3月第1版　2014年4月第11次印刷
开本:680×960mm　1/16　印张:10　字数:30千
书号:ISBN 978-7-5463-1681-9　定价:29.80元
社址:长春市人民大街4646号　邮编:130021
电话:0431-85618717　传真:0431-85618721
电子邮箱:tuzi8818@126.com

“全景”为该书部分图片提供者之一
因本书使用的个别图片无法与作者取得联系,在此向作者表示歉意,并请作者及时与我们联系,以便按标准支付您的稿酬。

《中国文化知识读本》编委会

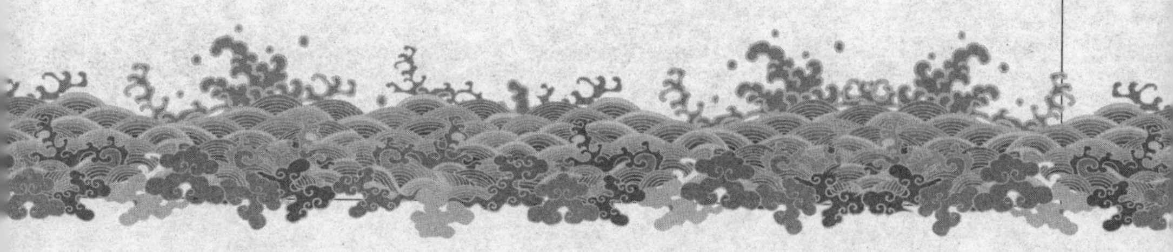

关于《中国文化知识读本》

文化是一种社会现象，是人类物质文明和精神文明有机融合的产物；同时又是一种历史现象，是社会的历史沉积。当今世界，随着经济全球化进程的加快，人们也越来越重视本民族的文化。我们只有加强对本民族文化的继承和创新，才能更好地弘扬民族精神，增强民族凝聚力。历史经验告诉我们，任何一个民族要想屹立于世界民族之林，必须具有自尊、自信、自强的民族意识。文化是维系一个民族生存和发展的强大动力。一个民族的存在依赖文化，文化的解体就是一个民族的消亡。

随着我国综合国力的日益强大，广大民众对重塑民族自尊心和自豪感的愿望日益迫切。作为民族大家庭中的一员，将源远流长、博大精深的中国文化继承并传播给广大群众，特别是青年一代，是我们出版人义不容辞的责任。

《中国文化知识读本》是由吉林出版集团有限责任公司和吉林文史出版社组织国内知名专家学者编写的一套旨在传播中华五千年优秀传统文化，提高全民文化修养的大型知识读本。该书在深入挖掘和整理中华优秀传统文化成果的同时，结合社会发展，注入了时代精神。书中优美生动的文字、简明通俗的语言、图文并茂的形式，把中国文化中的物态文化、制度文化、行为文化、精神文化等知识要点全面展示给读者。点点滴滴的文化知识仿佛颗颗繁星，组成了灿烂辉煌的中国文化的天穹。

希望本书能为弘扬中华五千年优秀传统文化、增强各民族团结、构建社会主义和谐社会尽一份绵薄之力，也坚信我们的中华民族一定能够早日实现伟大复兴！

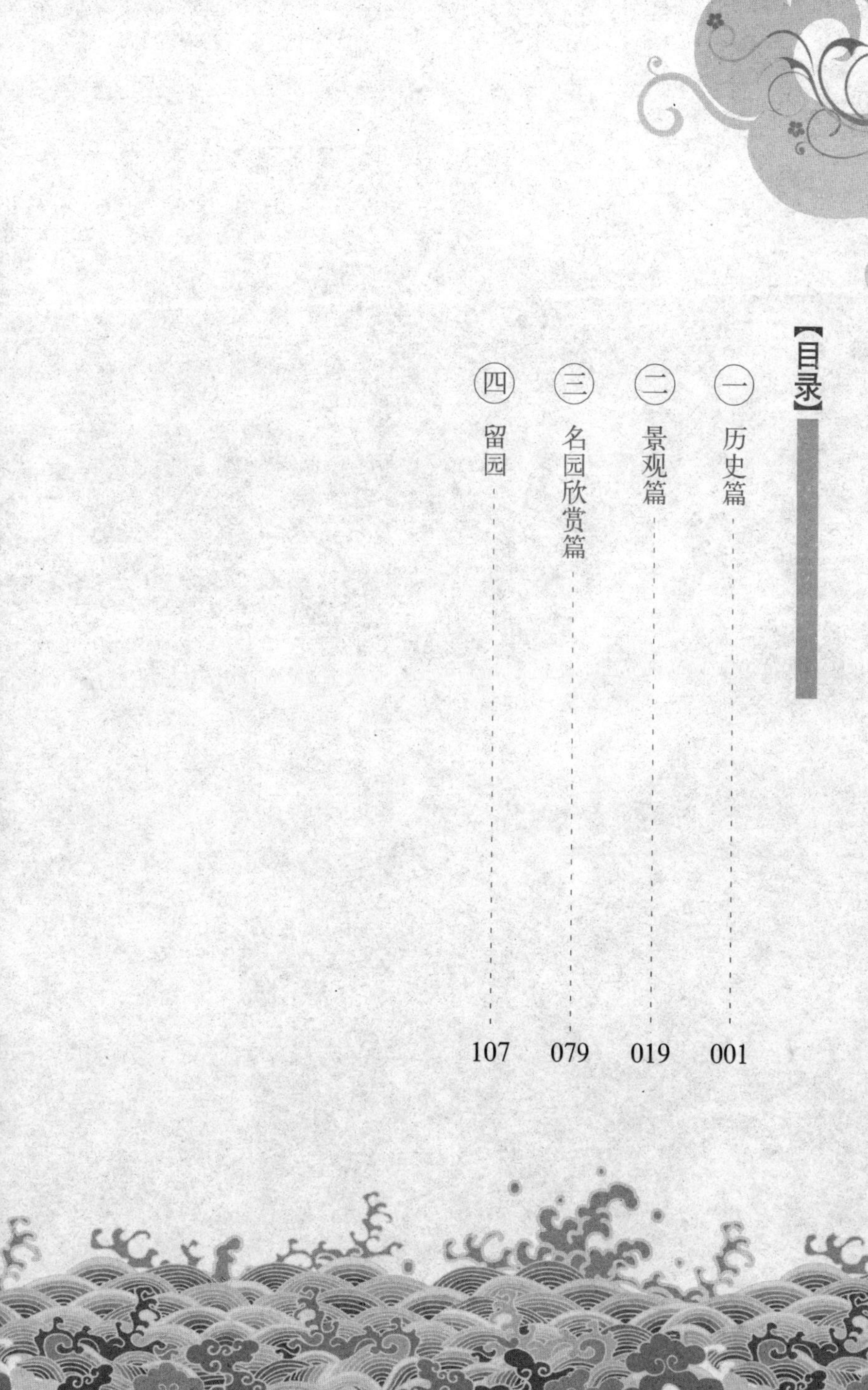

【目录】

一 历史篇

苏州园林是中国十大风景名胜之一

（一）苏州城的地理人文特点

苏州，一个被誉为“天堂”的城市，古称吴，现简称苏，曾有姑苏、吴都、吴中、东吴、吴门和平江等多个古称和别称。苏州城始建于541年，吴王阖闾在南征过程中，命伍子胥建阖闾城，阖闾城便是苏州最早的城垣。隋文帝开皇九年（589年）始定名为苏州，以城西南的姑苏山得名，沿称至今。它是全国首批24个历史文化名城之一，传统文化丰富、历史底蕴深厚、风景秀美如画，是吴文化的发祥地，是中华文明的重要发源地。

苏州现在是我国的大城市之一，是

江苏省的经济、对外贸易、工商业和物流中心，也是重要的文化、艺术、教育和交通中心，更是全国重点风景旅游城市，拥有世界文化遗产、中国十大风景名胜之一的苏州园林和其他大量的自然景观和历史古迹。

苏州城的四周建有水路城门，城内前有街道，后有河流，河街并行，河面有各样拱桥相连，市民大都临河而居。有诗赞："君到姑苏见，人家尽枕河。古宫闲地少，水巷小桥多"，形象地反映出苏州"小桥、流水、人家"的水乡特色。除此之外，它还有"行腔优美、缠绵婉转"的

苏州园林折射出中国文化中取法自然而又超越自然的深邃意境

苏州有人间天堂、园林之城的美誉

昆曲，“文词雅驯流畅”的苏州评弹，“宁静典雅、蕴藉风流”的吴门画派，还有“明净强烈、精丽写实”的桃花坞木刻年画，以及“虽由人作，宛自天开”的苏州古典园林等多种艺术形态。

苏州园林有着如此悠久的历史和如此高的艺术成就，绝非偶然，这是由它诸多优越的条件决定的。

16—18 世纪全盛时期，苏州有园林 200 余处

首先是由于苏州城独具特色的地理格局。从城市布局上看，苏州“河街并行，水路相邻”，严谨规整、匀称明朗。城内水巷交错、街衢纵横，苏州古城就处于纵横交织的水网之中，纵横交错的河道格局规划着苏州城的布局结构。这些河道既是城市饮水、排水和交通运输的渠道，又兼具城市防御等作用，同时也

是联结城乡，沟通外界的纽带。因此，河道街巷和水路城门共同营造了苏州城独特的双棋盘式结构布局。

其次是苏州优越的自然条件。园林的修建要满足四个基本要素：建筑、叠山、理水、花木。要造园就必须有丰富而优良的自然资源和优美的自然环境，以满足园林四要素的要求。在这方面苏州的条件可谓得天独厚。

怪石假山

苏州地处长江中下游，山、水多源自太湖。苏州山美，所以多产美石，尤其是太湖石——园林叠山造景的石头大多都是太湖石。太湖石是古代四大名石之一。宋朝著名书画家米芾，因痴迷玩石被称为“米颠”，他说太湖石有“瘦透漏皱”的妙处。范成大写的《太湖石志》中记有太湖石多种，皆可为园林造景所选用。

苏州素为水乡泽国，以太湖为依傍，湖泊星罗棋布，水网纵横交错。苏州园林之中，水也是得天独厚；无论城乡，皆河流溪荡，触目皆是，且湖湖相通，溪溪相连。苏州城内的水也是密如蛛网、四通八达。元朝时，意大利人马可·波罗在其游记中称赞苏州为“东方威尼斯”。苏州园林之水或引自园外、或平地开挖、或靠泉水喷涌，皆有源活水，永似明镜，绝无干涸，园林灵秀清丽的风格也因水而生。

此外，花木在园林之中也是十分重要的。童寯的《江南园林志》中认为“园林无花木则无生气”。苏州土地肥沃、雨水充沛，地处北亚热带湿润季风气候区，气候温暖湿润，四季分明，适宜花木生长，所以苏州植物种类繁多，文人墨客也多寄托花木来表达心境，也体现出文人对园林花木的情有独钟。

可见，苏州的山美、水美、花草美，这些都是苏州造园的自然资源。就地取材，舟车方便，为造园提供了有利的条件。因

苏州园林以山水秀丽、建筑典雅而闻名天下

苏州有得天独厚的造园资源

此，苏州成为“园林之城”也是历史的必然。

再次，苏州雄厚的经济基础是造园的根本。造园是一项极其耗费财力的工程，所以经济与园林的发展有着密切的关系。苏州自古以来就是国家的文化经济中心，物产丰饶，富甲天下，是我国主要的粮食产地，渔业资源也极其丰富。它又是蚕桑业中心，被誉为“丝绸之府”。而且手工业也相当发达，商品交易十分繁盛，使得苏州成为全国最为富庶的城市之一。可见，苏州园林之盛和它

苏州园林叠山造景的石头多为太湖石

雄厚的经济实力是分不开的。

最后，苏州有着深厚的文化底蕴和众多的能工巧匠。苏州文化源远流长，自古人文荟萃，号称“东南文物之邦”，历史上曾涌现出众多文化名人，如：西汉辞赋家朱买臣、严忌、严助；南朝文学家张翰、史学家顾野王、画家陆探微、张僧繇；唐朝书画家张旭、陆柬之、孙过庭，雕塑家杨惠之，诗人陆龟蒙等；宋朝诗人范仲淹、范成大等；元朝画家黄公望，工艺家朱碧山，诗人高启；明朝人才多不胜举，以“吴门画派”为旗帜，先后出现了沈周、文徵明、祝枝山、唐寅、王宠、仇英等诗书画人才群，另如诗人钱谦益、通俗文学家冯梦龙、文学批评家金圣叹、篆刻家赵宧光、戏曲家张凤翼和梁辰鱼、建筑家蒯祥等；清朝诗人、文学家则有：吴伟业、汪琬、徐乾学、顾炎武、沈德潜、叶燮、毕沅、曾朴等和画家王时敏、王鉴、王翚、王原祁等众多有影响的文坛名流。这些诗人、文学家、书法家、画家、戏曲家、建筑家、雕塑家、工艺家，把他们的才气倾注或影响于园林的建造，使苏州写意性的山水园林更具文化底蕴，更见艺术光辉。

（二）苏州园林的历史沿革

苏州园林起始于春秋，发展于汉唐宋元，全盛于明清。在苏州地区，历史上

园林为苏州增添了几分灵性

曾出现过各种园林达一千多处。在历经了两千五百多年的历史沧桑后，仍有许多园林经历代修整保留至今。据统计，苏州现存的古典园林有四十多处。悠久的历史给苏州留下了大量优秀的文化遗产，其中古典园林便是其中一朵绚丽的艺术之花，其数量之多、造诣之精，乃世所罕见。

在距今两千五百年前的春秋时代，吴王阖闾利用苏州郊外的自然山水，兴建了姑苏台，“三年乃成”“横亘五里”。之后，吴王夫差又扩建姑苏台，规模宏伟、建筑华丽。同时，又在太湖之滨建立了风

苏州园林内假山庭院交相辉映

苏州园林室内陈设透着一丝古香古色的气息

景园林和离宫别苑，这是苏州最早的园林建筑。其规模之大、年代之久，在世界园林史上有着极其重要的历史文化价值。

苏州最早的私家园林是东晋时期的顾辟疆园。其中林泉池馆之胜，名噪一时。东晋以后、豪族内迁，一些官僚地主羡慕苏州物质富裕、生活舒适，于是纷纷来到这里定居养老。因此，私家园林逐渐兴起，造园艺术又有了新的发展。

在隋朝至唐朝的三百多年间，江南社会发展比较稳定，随着大运河的开通，经济中心南移，苏州当时呈现出一

苏州园林不仅是历史文化的产物，同时也是中华传统文化的载体

派繁华的景象。著名诗人白居易曾有“当今国用多出江南，江南诸州，苏为最大”的评述和“甲郡标天下”的美赞。这时，一些豪门世族也都聚居苏州，为苏州园林的建造提供了充分的条件，当时的虎丘、灵岩、石湖和洞庭东、西山等，都已成为风景优美的游览胜地。这些地方都以自然山水为主、追求山乡野趣，这也是当时园林风格之一。

唐朝衰败后，五代十国的割据状态虽然使统一的中国一度分裂，经济遭到破坏，但是对南方经济的发展却有一定的促进作用。苏州经济继续发展，成为全

苏州园林沧浪亭

国最为富饶的地区之一。因此此时官僚贵族的造园极为盛行。吴王钱镠之子钱元璙“好治园林”，大兴土木，建造南园和东庄，规模十分宏大。其部将孙承佑也大造园林，具有“崇阜广水”“杂花修竹”的自然景色。现在的“沧浪亭”就是在其遗址上经历代改建而成的。统治者不仅广造园林，还极力提倡佛教、兴建佛寺。如虎丘山的云岩寺、开元寺等。

宋代，苏州经济更为繁荣，有“苏湖熟，天下足”的称誉，又是全国丝绸业的中心，造园更是风行一时。北宋末年，为宋徽宗采办“花石纲”的朱勔，除大力采

中国园林讲究“步移景异”，对景物的安排和观赏的位置都有巧妙的设计

集太湖石和名贵花木，运送到汴京建造“艮岳”外，自己也乘机发迹，在盘门内建造乐园和绿水园，其中有十八个鱼池，分养各类观赏鱼。宋代士大夫在苏州所造之园还有苏舜钦的沧浪亭、史正志的万卷堂（即网师园前身）、蒋希鲁的隐园及姚淳、戴团颙等所造园林，其中以朱长文所造乐圃尤为著名。苏州郊外有许多风景优美之地，也先后出现了一批官僚地主的园林和别墅。南宋时，临安（今杭州）、平江（今苏州）、吴兴（今湖州）都是贵戚官僚聚集之地，因苏杭经济发达，园林众多，因而可供人游玩之地目不暇接，因此有“上有天堂，下有苏杭”之说。宋末，金兵南下，苏州一度遭到较大破坏，但很快得以恢复，再次出现了繁华局面。意大利人马可·波罗在游记中说：“苏州是座颇名贵的大城，居民持工商业为主，产丝甚饶，以织金锦及其他织物。”

元代，由于战乱频繁，整个南方经济处于滞缓状态。但在苏州称王的张士诚，造有锦春园。园内假山池塘、厅堂楼阁，样样俱全。并别出心裁地把锦帆泾浚成御园河，和妃子们在此扬帆荡舟。元至正二年（1342年），天如禅师建造了狮林寺（今狮子林）。园内石峰林立、玲珑俊秀、山峦起伏、气势如虹。这种精巧的艺术构思和叠石造山的卓越技艺，充分反映了这一时期我国劳动人民的高超智慧和艺术创造才能。

明清两代，是我国造园艺术的高峰期。这一时期，苏州手工业迅速发展，出现了资本主义经济的萌芽，经济的发展使造园之风兴盛。大小官僚、文人雅士争相造园，在当时形成了一种社会风尚。当时，苏州城的居民大多在房前屋后开辟小型庭园、使苏州成为全国闻名的“园林城市”，而且江南一带也涌现出一大批造园艺术家。如明代的计成、文

园林庭院水中倒影如一幅美妙的泼墨山水画

苏州园林内的庭台楼榭与蜿蜒其间的游廊小径相映成趣

震亨、张涟和周秉思，清乾隆时的戈裕良、石涛和仇好石等，都曾名噪江南，建树颇丰。

苏州园林有着如此悠久的发展历史，使它形成了自身独特的艺术魅力，在世界园林史上光辉夺目，成为世界两大造园体系中东方造园体系的主要代表之一。

二 景观篇

园林内各庭院由曲径通廊连接，处处有景

苏州园林在中国传统的哲学思想和江南地区丰富的文化底蕴的影响下，将园林规划、建筑设计、绘画书法、工艺雕刻、堆山叠石、花木盆景、诗词楹联、家具陈设等艺术融合成一体，形成了独特的风格。

（一）中国传统哲学中的自然观在苏州园林中的体现

第一，道家思想中的自然观在苏州园林中的体现。从老子《道德经》中“人法地，地法天，天法道，道法自然”的论述，可以看出中国传统哲学中的道家学说是提倡“天人合一”，崇尚自然的。在这种思想的影响下，造园家们把建筑、山水、植

涓涓清流脚下而过，倒映出园中景物，虚实交错，美不胜收

物有机地融为一体，在有限的空间内利用自然、模拟自然，把自然美与人工美统一起来，创造出了与自然环境协调共生、天人合一的艺术综合体——园林艺术。其哲学和美学带有非常浓重的自然主义、生态主义。道家在哲学上以“自然无为”为理念，这里的“自然”不是自然界里的具体事物，而是顺应本性，不强作妄为。“道法自然”是道家哲学的核心，道家的思想方法和对世界本质的理解正是建立在“道法自然”这一观念的基础上的。“道法自然”的思想包含了深刻的哲学内涵，其宗旨并非指对自然的简单模仿，而是重视自然美的创造以及

苏州园林楼阁内景

对自然的精神体验。道家讲究人与自然的统一，它对自然的审美感受是在人对自然的超越中得到的，这种审美感受是自由、逍遥、不受约束的，显然这较之于儒家处处从自然中找寻道德精神的比拟象征，是一种更为纯粹的审美感受。

道家思想重视个体的生命价值，与重视人的群体价值的儒家文化互补，因而在魏晋时期，形成了儒道互补的文化

苏州园林注重文化和艺术的和谐统一

格局。汉末的战乱，让中国的知识分子开始更多地思考生命的意义等终极问题。随着儒家道德约束力的下降，张扬个体生命价值的道家思想的影响力不断扩大。到西晋末年，大批贵族为躲避入侵者而南渡长江，江南逐渐成为文化中心，士大夫们为了回避官场倾轧，开始流连于江南秀美的山水之中。在这一时期，出现了大量山水诗人和山水画家，

园林美景令人流连忘返

他们的诗歌绘画相继影响到了私家园林的创作。

作为一种集居住与观赏为一体的建筑，园林从一开始就源自道家的出世思想，以模拟自然意境为目的，所以江南园林非常注重分割和布局，富有浓郁的艺术气息。例如，位于苏州的网师园，占地仅 8 亩，却形成了一组组层次丰富，错落相连，有节奏、有色彩、有对比的空间，这样的园林空间感的产生，也就具有了道家超凡脱俗、回归自然的出世思想。苏州私家园林的建造者或拥有者常常是那些告老还乡的官员、躲避官场的隐士或是流连秀美环境的富商巨贾，其思想来源

走在园内，有“如在画卷中”的缥缈之感

也是和道家的超凡脱俗，回归自然的出世思想密切相关的。

苏州私家园林崇尚人与自然的和谐，重视自然与人的统一，这种天人合一的思想体现了中国人对自然的尊重。从老庄崇尚自然到以表现自然美为主旨的山水诗、山水画和山水园林的出现、发展，都贯穿着人与自然和谐统一的哲学观念，这个观念深刻影响了中国园林艺术的创作，苏州古典园林作为天人合一的生态艺术典范，也正是来源于对道法自然和天人合一的完美遵循。

第二，儒家思想中的自然观在苏州园林中的体现。儒家学说是中国传统哲

无论站在哪个点上，眼前总是一幅完美的图画

学中重要的内容之一，其思想主张入世、积极参与社会活动。读书人接受儒家这种教育观念踏入仕途，常常会遭到打压和排挤，在政治诉求不能如愿的情况下，选择辞官避祸，追求精神上的解脱，人的世界观和价值观也随之转变。他们会通过“物”来寄托思想，通过“物”来表明心志。如“拙政”“退思”等，表达政治上避祸，隐忍自好这一主题。

儒家也常常用山水、植物作道德精神的比拟，如“嵩高维岳，骏极于天”“知者乐水，仁者乐山”“岁寒，然后知松柏之后凋也”等等，前一句孔子用高耸的泰山和山水来比喻君子的品格；后一句孔子则把自然物的某些特点和人的道德联系起来。孔子认为：自然山水和松柏之所以惹人喜爱，是因为它具有某种和人的精神品质相似的特性，孔子的这个看法就是自然美的“比德”说。所以中国后来的士大夫，都喜欢用山水或者松、竹、梅、菊等高洁的自然事物来自喻人格，以达到借物抒情的目的。

这种“比德”观念，对后来文人书画和园林山水的创作产生了很大影响，并由此形成了一个十分有意义的思想基础，也由此形成了一个强调因物喻志、托

苏州园林栽种和修剪树木也着眼于画意

物寄思、感物兴怀的比兴传统。中国古代园林创作中的“比德”观念，主要来源于它对山水诗、山水画依附对象的继承，多表现为通过梅兰竹菊或者“岁寒三友”等植物来比拟高洁，如欣赏松的岁寒后凋，梅的独傲霜雪，竹的虚心有节，兰的处幽谷而香清，荷的出淤泥而不染等等。在园林创作中“物我合一”的景观形态，是这一思想的又一体现。

第三，传统哲学中的自然观对苏州园林设计的影响。儒家与道家学说都主张人与自然和谐相处，追求天人合一的境界。儒家多从“理”“性”“命”等方面论证天人关系的合一。而道家的“天人合一”更注重人对自然的关注和感受。

从总体上来说，无论是道家还是儒家，中国传统哲学中的天人观是整体性的大生命观，把“自然看成是一个和人类密不可分的超级生命体，人类是自然万物中最灵秀、最尊贵者，其贵在于善思能辨，能意识到自身的价值。人类的伟大和尊贵不是表现为对天地万物、对自然界的征服，而是在于人类能自觉地为整个大自然着想，善于事天、补天，和大自然共发展、共存亡”。人与天地万物为一体的道理促使我国的古人在生产、生活等活动中增加了对自然环境的爱惜之情，与之心心相印，融为一体。“天人一体”的

移步换景，变化无穷

苏州园林无论是在造园思想还是园林设计风格上，都受到中国传统哲学“天人合一”观念的影响

观念也为西方近代生态理论和环保主义的兴起提供了重要的价值取向。

“天人合一”的自然观深深地影响到了苏州传统园林的设计。无论是在造园思想、造园宗旨上，还是在园林设计、园林意境风格上，都受到了中国传统哲学“天人合一”的自然观的浸润和濡染。由此，直接影响到苏州传统园林的有若自然、融会自然、自由生动、秀逸闲情的造园风格，正所谓“智者乐水，仁者乐山”。另外，苏州园林主人的心态、意趣、地位、身份也决定了苏州传统园林有若自然、会自然、享受自然的造园风格。

回顾历史，苏州传统园林的主人，

大多在朝任官，或退休，或因故退隐，回归后造园，也有一部分是历经风雨、沉浮江湖而归隐后享受清闲的商人。以上苏州园林的主人的共同特征是：他们都厌倦了官场或都市的喧嚣与人性的复杂，想寻找自由的乐土以安度晚年。由此，苏州传统园林的设计必然将脱离严谨的布局，而转向自由活泼的章法，以适应苏州园林主人的心情。所以，出现融会自然，享受自然的园林风格是必然的结果。

苏州园林长廊

(二) 苏州园林格局与功能的设计

苏州园林的造园宗旨为“虽由人作，宛自天开”，其造园必然是一种“贴近自然、创作自然”的结果，然而它们决不是机械地模仿自然，或被动地顺应自然，而是在记录了自然的“形”之外，还表现出自然的“神”，并寄托了主人的“情”，正所谓“创作自然，借景寓情”，情景交融、浑然一体。总的来说，苏州园林的造园设计在“创作自然、借景寓情”的手法上遵循了这样几个原则：(1) 因苏州传统园林规模一般不大，在有限的地域空间里，则以曲折含蓄、移步换景之法，引人入胜，令人回味，避免全盘托出、一览无余。(2) 人工开凿的山石水

亭台、水、榭，一切都错落有致

水云深处有美景

池，要做到“巧夺天工”“宛自天开”，避免牵强附会、强搬造作。(3) 建筑物的风格设计要与周围景物相适应，切忌争奇斗胜，以免画蛇添足。(4) 花木景色的配置上要有连续性，避免杂乱无章。(5) 画面中景物的安排，要有构图层次，突出重点，避免纷繁混乱或空洞无物。

下面分别从建筑分布、理水掇山、花木配置三个方面来探讨苏州传统园林的设计思想是如何体现出“有若自然”的理念的。

第一，建筑分布。

造园必须“因地制宜”，才能“构园得体”。建筑物在苏州园林设计中如同灵魂一般举足轻重，所以计成在他的著作《园冶》中说："凡园圃之基，定厅堂为主。"主要建筑的位置一旦确定，全园的景色布局将依此衍生变化，这样才能建造出各式各样的园林景观。苏州园林中的建筑一般以厅、堂、楼、阁、榭、舫、亭、廊为主，除此之外，还辅以馆、轩、斋、台、门楼、照壁等，种类繁多，以满足园主人可居、可观、可行、可游的要求。建筑物在园林中的巧妙设置可起到画龙点睛的作用，为自然景色起到点景作用，为园林增色。

厅堂作为主要的建筑物，在设计上

苏州园林华丽的石坊

建筑与景致配合得相得益彰

一般均选取居中的主要地势，并习惯于坐北朝南。这反映了中国建筑设计上的一个主要特点，是长期以来积淀形成的建筑模式和造园规律，计成在《园冶·屋宇》中说："堂者，当也。谓当正向阳之屋，取堂堂高显之义。""当正"即居中的意思，"向阳"就是面朝南对着太阳，"高显"就是高大宽敞，所以厅堂一般为全园最宏大的建筑，在所有建筑中，居主要的地位。从厅堂向北望，往往设计成全园最主要的景观，一般是以池水与假山所组成的山水景观。景观向南朝光，在阳光的直

从这仿佛不经意而为之的淡雅景致中可以品味到深厚的文化底蕴

射之下颜色明朗。厅堂与假山隔水池相望，一边为人工之建筑，一边为仿自然之山水，形成绝妙的对比，反衬出山水的天然情趣，也使园主人不出厅堂可享天然林泉之乐。厅堂南面也配有景观，使主人在厅堂中可欣赏到南北不同的景色。厅堂的建筑设计一般为大殿型，高大宽敞，南北为门，东西设窗，玲珑通透，便于观景，和四周景物结合得十分紧密。

楼和阁也是苏州园林中较重要的建筑物，巍巍高耸，供园主人登高观景。

楼在设计上规模稍大，而阁则稍小，一般为二层，四周门窗，形体比楼更空透，便于园主人四面观景。因楼阁有垂直高度，故此在设计上应与边上树木的高度相适应，树冠与屋顶、墙面互相辉映，才有自然的韵味。有一些楼阁建在土山之上，成为全园的制高点，登楼可眺望全园，当树木茂盛之时，一般不能将全园景色尽收眼底，这也是园林设计师“含蓄”的造园艺术追求，避免一览无余、缺少悬念。还有些楼阁设计得更加巧妙，它建在石台或石屋之上，下为假山石堆成的石台、石屋，模仿野穴的风格，拾级而上，就可登楼，如苏州沧浪亭的看山楼。

树冠与屋顶、墙面交相辉映，充满自然的韵味

树是水边景色中的点睛之笔

榭，即临水的建筑，往往和水一起形成整体的风景，与轩一样，都属于规模较小、玲珑精致、穿透开敞的建筑，所不同的是，轩一般建在高旷的地方。榭的功能在于榭是水边景色中的点睛之笔，可供游人临水观鱼，赏花析木。而另一种水中的杰出建筑则非舫莫属，舫又称石舫，是仿造船的外形的建筑，一般建于水边，向水池中伸出或直接建在水池当中，以平桥相连。舫"原是湖上一种构制精美，装饰华丽的船，又称画舫、游舫"。石舫完全以建筑来模仿现实中的画舫，其正面船头及侧面船身、船楼与画舫极为相似，如狮子林池北的石舫。

也有一些舫只以抽象的形式来象征画舫，没有刻意模仿船头和船身的式样，但也建在水中，颇有些迎风破浪的感觉，如怡园的石舫。苏州园林中设计最为精妙的舫既非写实，又非象征，而是集多种建筑类型之美，以拙政园的“香洲”为代表。香洲石舫在设计上分成四部分，第一部分为船首，实质即为船首形石台，放置石桌一张，既可下棋，又可品茶。第二部分即舫的前舱，为一亭状的建筑，屋顶为前后向卷棚歇山，四角反翘欲飞，由四根柱子相撑，与船首的平台构成互补的空间关系。香洲的第三部分即为船的中舱，设计为水榭的样式，比第二部分的亭子

苏州拙政园香洲一景

稍低，屋顶为左右向硬山坡顶，舱壁为花窗。第四部分为舫的后舱，其实是两层楼阁建筑，可登楼眺望园景。屋顶也为左右向卷棚歇山、檐角卷翘。底楼墙壁以粉墙为主，二楼为雕花漏窗。楼上楼下互为对比，取得视觉上的一致。前、中、后舱的设计相当精妙，前后高中间低，上下错落，参差有序，加上精美细致的雕花漏窗，灵曲舞动的屋顶，表现出一种赏心悦目的韵味。香洲可称之为苏州园林中舫的代表作。

掩映在树丛中的亭子

亭、廊是苏州园林设计中使用最频繁的建筑。亭为园林点景之用，廊如同园林之血脉。亭者，停之义也，供游人观景时休息之用。从结构设计上看，绝大多数为四面无墙的独立亭，也有两面建墙，一面为窗的，还有倚墙而建的亭，更有只建一半之亭，称为半亭。亭的主要变化在亭的顶，有三角、四角、五角、六角、八角等，外形有三角形、方形、矩形、圆形，还有扇形、梅花形。屋顶的形式有攒尖顶、歇山顶，屋顶层数有单檐、重檐等，花样繁多，设计巧妙。廊是园林设计师手下最富有灵活性又最具有可塑性的建筑，“园林游廊为园林的脉络，在园林建筑中处于极重要的地位”。曲折流转，甚至高低错落，均可流通自如。或空透，或设单墙，可作为景点，既分隔了空间，又增加了景致。全园的亭台楼阁和池桥都有长廊相连，形成整体。除了增加美景，当然还有使游人免遭日晒雨淋之妙用。根据需要，园林设计师还设计出直廊、曲廊、单廊、复廊之别。复廊即两条单廊之组合，中间以花墙分隔，墙上开漏窗，设千奇百变的精美花纹，透过漏窗，可对视成景，堪称绝妙。

馆是接待宾客的地方，也有和斋一样专门作为供人读书的地方。馆的设计与厅堂相似，只是规模较小，斋的规模则更小。建筑形式的设计上以简朴为主，毕竟豪华美艳的读书空间不利于集中注意力，所以一般均为数间小房，装饰素雅。馆和斋一般设在园林中较为僻静的地方，取其幽静，“书房之基，立于园林者，无拘内外，择偏僻处，随便通园，令游人莫知有此”，不影响用功勤读，所以常用小院将其围起来，相对隔离，也是为了不受外界的干扰，专心致志读书写作。院中也不繁花似锦，只种植一些梧桐、芭蕉，点缀几丛兰花，竟已增添了不少文化气息，别是一番天地。

除以上介绍的园林建筑设计外，还

苏州园林馆内的牌匾、字画

苏州园林内的花窗

有室、轩、门楼、照壁、花墙、平台等，均有出色的表现。园林建筑上的设计总体上是遵循“自然”的原则的，所以鲜有重复的亭台楼阁的式样，绝对避免布局上的对称，甚至花窗的式样也各不相同，表现出苏州传统园林“有若自然”的宗旨和园林设计师非凡的聪明才智。

第二，理水掇山。

无论是东方自然规划式园林，还是西方整齐规划式园林，在造园设计中，水总是不可缺少的重要组成部分。以苏州园林为代表的东方园林中，水的设计是以静态的水景为主的，以咫尺池塘模仿烟波浩渺、静寂深远的境界。“园林艺

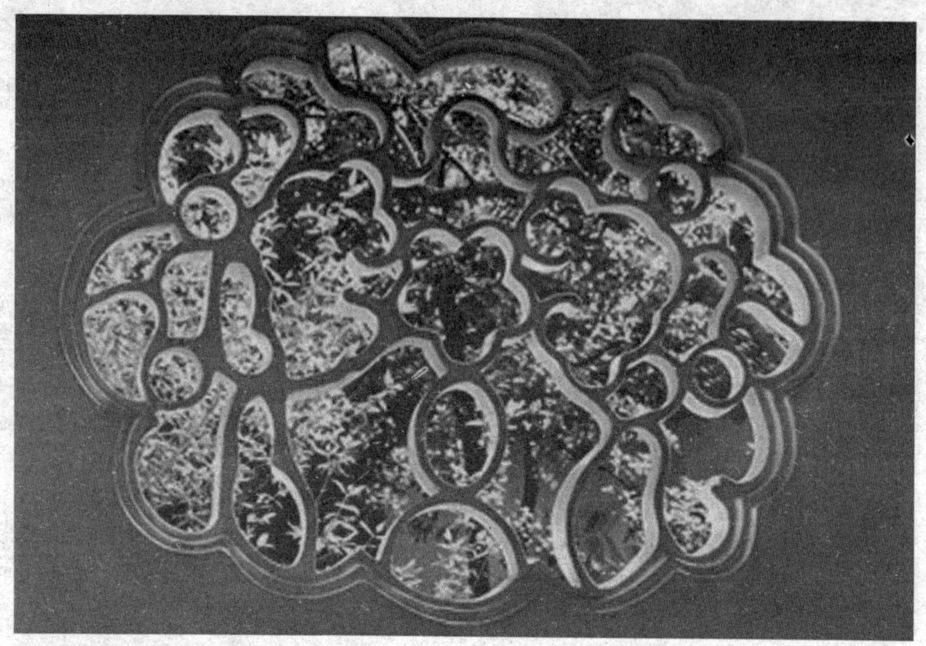

透过花窗，自然风光被浓缩成微型景观展现在人们眼前

术中的理水，有聚、散之分，小园之水，以聚为主；大的水面，则要适当分散”。水边、水中或以假山与水互相辉映，或以水榭、石舫互相点景。游者可凭栏观看水中莲荷之美，或观游鱼之自在，清山绿水，影如明镜，真有令人陶醉的意境。然而东方自然规划式园林也不全设计为静水，也有小涧细流，瀑布挂垂，这种动态之水也完全是自然式的追求，与西方整齐规划式的园林中水的动态设计有着本质的区别。西方整齐规划式园林中水的设计一般以喷泉艺术为主，是一种典型的人工动态水的设计。在西方整齐规划式园林中，一般均设计为规则形的水池，或方

整、或圆形，在水池中设置各种喷泉。最早利用机械装置引水，后来发展成多种形式的喷泉，并结合各种雕塑，形成特有的喷泉艺术组合。而在意大利的庄园中，园林的水设计为台阶式的瀑布，水沿着台阶层层跌落，形成立体的动态水景观，其艺术水准令人叹为观止。

苏州园林中的水景设计也处处体现出设计师对自然的追求，所以在水池的设计上，绝大部分都有自然曲折的池岸，岸边堆砌自然形石块护坡护住泥土，既合乎自然的追求，又不会轻易崩塌。水池中水质的保护也是苏州园林设计中非常重要的一环。因苏州水巷颇多，如条件允许，则建水栅直接与外河相通，也有开暗渠使园水与外水沟通互流。如有一潭死水的情况，则在池中种植水生植物，如荷花、睡莲之类，为了不使荷花等水生植物过度繁生而长满整个水池，以致于整个池塘失去了清澈幽邃的意境，造园者常把荷花种在大缸之中，再将缸沉入水底，有效地控制住了荷花的生长点及分布，以造出“沧波渺然，一望无际”的意境。

在水池岸边的处理上，一般适当留出空地，布以景物，与自然天成的池岸

水池边多有自然曲折的池岸，岸边堆砌自然形石块保护泥土

叠石相呼应，参差错落，胜似自然天成，特别是在岸边还灵活随机地散置一些石矶，伸入水中，使之与池岸有断有连，若接若离，更加丰富了池岸线的整体自然感。池边的景物设置非常讲究，避免多、高、大、实，否则将喧宾夺主、画蛇添足。池岸的布置更妙者在于其不仅将注意力放在岸边的范围，而且注意整体的协调组合，利用水幽远流转的布置，不仅把池边景物连接起来，更有向外的延伸，如在石岸下设水口洞穴，使人感觉池水通入其中，不知深浅，幽深莫测；还有将水榭、

池水边的景致是经过精心设计的

水阁凌驾于水面之上，让水在其下穿越而去，似乎源远流长，增添了本来有限的池岸的意象性、含蓄性、延伸性，表现出池水绵延无尽的自然意境，“园林中的水不论是洁净之美、虚涵之美，还是流动之美、文章之美，都能令人意远……一言以蔽之，就是志清意远。园林中水的设计极大限度地发挥了园林设计师的聪明才智和苏州园林“虽由人作，宛自天开”的理念。

苏州园林山石布局与叠造设计是造园的重要组成部分

在苏州园林中，山石布局与叠造设计和水景一样，是造园中最主要的组成部分。由于苏州园林以表现自然山水之美为宗旨，而苏州城中没有天然的山水可利用，而且园林规模又不大，于是，苏州的文人名士从中国山水画和文学作品中山水诗词的意境中得到启发，采用概括提炼的手法，以“写意”的方式，用人工叠石来模仿崇山峻岭的意境，将自然山岭进行“移天缩地”式的典型化处理，所以传统哲学中“道法自然”的思想成了园林设计者造园的指导思想。从建造石景开始，绝对避免矫揉造作，尽量摒弃种种人工构建的痕迹，讲究石之脉络气势，“石无定形，山有定法……假山平处见高低，直中求曲折，大处着眼，小

园内借助古典诗词词句，对园景进行点缀

处入手。”以达到自然天成的效果。所盛之山的真实规模不大却能体现自然山川的种种形态和神韵，追求艺术上的自然真实。

写意式叠山既然要表现自然界中真实山岭的多种自然形态，如峰峦、峭壁、沟谷、丘壑等，就不得不借助于石料的运用。苏州园林在叠山的石料上，一般运用太湖石和黄石两种石料。太湖石是太湖地区的特产，湖石经湖水千万年的浸泡、侵蚀，形成了特有石貌，是园林设计师们首选的叠山珍品。“瘦漏生奇，玲珑安巧”。好的太湖石色泽淡青、自然朴雅，其色与中国画传统颜料中的“石青”色相近，是华夏民族色谱中较重要之色，用于苏州传统园林再合适不过。而太湖石更可贵之处在于它玲珑剔透、婀娜多姿的品质，具天然雕饰之美。古今园林艺术家将太湖石的审美标准概括为：瘦、漏、透、皱四个字。瘦者，即为挺拔、苗条；漏者，即为石表面的肌理和洞眼；透者，为石头的一些大的孔洞，前后相通，直接相通者颇佳，人眼能透过石洞透视后面的景色。宛转相通者更妙，有一种天然洞穴幽深的自然景观，“赋予三维空间的实体以嵌空玲珑、丰富奇特的充分表现”。皱者，即为太湖石的表面纹理不能平整光滑，而应有自然的皱褶，纹理纵横，脉络相交，乃为上品。苏州园林中的假山大多数以太湖石叠砌而成，其代表作是苏州环秀山庄的假山，虽然规模不大，但却有崇山峻岭之感，步入其内，如同走进深山野岭，有身临深壑幽荡、崇岭险峻之感，“其竖石运用宋人山水的所谓‘斧劈法’，再以镶嵌出之，简洁遒劲，其水则迂回曲折，山石处处滋润，苍岩欣欣欲活了，诚为江南园林的杰构”。令人不得不叹服造园者之匠心。

苏州园林长廊

除用太湖石造假山之外，也有一些设计师以黄石叠山。黄石有一种不事雕琢的粗犷之气。去了太湖石的纤巧，却多了一份浑厚刚毅，是去华取朴，别有一份真气。“黄石是处皆产，其质坚，不入斧凿，其文古拙……俗人只知顽劣，而不知奇妙也”。如苏州个园的假山，以黄石堆砌，有峰回路转之意，且色泽赭黄，淳朴自然，确是一幅很有分量感的自然山水画。其山体设计为东西两部分，两部分之间设计了一个“邃谷”，两壁如削。东部山势设计尤佳，山体渐高而止于绝壁，直削而下临于水池，与壁缝所长古藤悬萝相配，饶有自然风味，又于山壁边设蹬道，供游人降及池边，蹬道之险也能让人汗颜。此山不论是绝壁、蹬道、峡谷、深壑，山势陡峭挺拔，手法自然逼真，叠石气势雄伟、峭拔险峻，实为叠山之典范。

苏州园林的叠山设计中，除了模仿自然的丘壑、涧谷、蹬道、溪泉、奇峰绝嶂、山势嶙峋之外，还创造了弯形洞壑的叠砌方法，以大小山石钩错砌成拱形顶壁，极似天然洞穴，甚至还模仿出倒垂的钟乳石，使人恍如身临幽壑深穴之中。

从总体上说，苏州园林的水石设计在有若自然的指导思想下，注重叠山设

苏州园林很讲究假山池沼的配合

园中一景

水的整体形象效果，以形成自然的山水景观。“山石能赋予水泉以形态，水泉则能赋予山石以生意”。“山不在高，贵有层次，水不在深，妙于曲折”。计成在《园冶·掇山》中总结了园山、厅山、楼山、阁山、书房山、池山、内室山、峭壁山、山石池、金鱼池、峰、峦、岩、洞、涧、曲水、瀑布等十七种山水设计模式，形成了较全面的理论基础，推进了苏州园林的山水建造技术水平。而园林的设计与建造过程中，许多著名的诗人和画家都一起参与，赋予了园林与山水诗、山水画相一致的艺术追求，在自然美的追求上，达到了高度的统一。

苏州园林在花木的设计上主要以“自然之趣”为宗旨

第三，花木配置。

在中国传统山水画中，除了山石之外，对花草树木也非常重视。传统山水画理论中有“山以树木为衣，以草木为毛发”的论述，苏州园林的设计也从此出发，将花木作为园林中不可缺少的重要因素。而作为关键性建构要素的花木，品类繁茂，功能不一，其价值也是多层面的，可满足人们从生理到心理上的种种追求。如果没有花草树木的映衬，不仅苏州园林中的山岭石峰就会变成光山秃岭，少了最重要的绿色，既缺少了生机，又少了一种自然情趣，这将使苏州园林“有若自然”的追求成为空谈。而时至今日，在日益重视环境的大趋势中，花木更显得无比的重要。它不仅满足人的欣赏美的心理需要，更是人的生理需要的健康保证。苏州园林的设计在花木运用上主要以“自然之趣”为宗旨，和西方整齐规划式园林中花木的设计有很大的不同。由于西方整齐规划式园林的整体布局设计规整划一，格局严谨，所以必须以人工修剪过的花木去相配才显出其和谐一致性，反映出非常强烈的“人工性”。相比之下，苏州传统园林中的设计追求天然意趣，花草树木的配置与培植尊重植物的天然形态。"……树木栽植，不仅为了绿化，且要具有画意"。树形不加人工修整，尽其天然之态，种植树木也不整齐排列，而是随意配置，疏密得当，自然合理。

苏州园林对花木设计的审美标准一般从以下三个方面来体现，即形美、色美、香美。所谓"形"，即花木的姿态、外形。它既可指单体，也可指群体。既可指同一种类的种植，也可指不同品种混合种植所形成的花木形体。叶圣陶在《拙政园寄深眷》中写道："苏州园林栽种和修剪树木也着眼在画意，高树和低树俯仰生姿……没有修剪得像宝塔那

苏州园林花木的配置与培植尊重植物的天然形态

样的松柏，没有阅兵式似的道旁树。"他以"画意"二字点出了树形美的要求。从树冠的自然形态到树枝的伸展、疏密、曲直，再到树皮的质感，树叶的形状等，都要能"入画"，具有"画意"才符合形美的标准。江南多榉树、榆树、香樟、槐树等，这些树都有着非常优美的自然形态，所以在苏州园林中也最为常用。"色"即颜色，苏州园林的统一色当然为绿色，但除绿色之外，也点缀着各种颜色，如银杏树叶的金黄、枫树的红色、竹叶的青翠以及白皮松的树干白等。除树木之外，颜色最鲜艳、最丰富的莫过于花了，花圃中的鲜

苏州园林的花木配置很有讲究

苏州园林四季常有绿，月月有花香

花万紫千红、争奇斗艳，点缀在园林一大片绿意中，美不胜收。“香”即香味，因园林中广种奇花异草，花香四溢，沁人心脾。常见的有腊梅、兰花、梅花、桂花等，花开季节，暗香涌动，令人心旷神怡。

除了花木的审美要求之外，在全园的花木配置上，要求四季常有绿，月月有花香，根据叶色和花期，结合时令变化进行栽种。尽管苏州地处江南，然至秋冬季节，乔木落叶，枯木肃杀，但在巧妙的组合栽种下，仍有不少树木如香樟、翠竹、桂花、女贞、山茶、广玉兰等常绿树，四季常青，点缀生机。“小园树宜

苏州园林人文景观与自然景观浑然一体

多落叶，以疏植之，取其空透；大园树宜适当补常绿，则旷处有物。此为以疏救塞，以密补旷之法”。由于苏州传统园林规模较小，园中植物的观赏距离都很近，这就要求每棵花木都要经得起观赏和推敲，所以园林中花木的布置设计也很费精力。在小庭院、廊侧和院墙角落，一般种植芭蕉、天竹之类，或以湖石砌成花坛，种植牡丹、芍药等。较大的范围如山坡、大的院落则种植古木大树，郁郁葱葱。当然过繁的枝叶也会遮挡美景，阻挡视线，因而修剪也必须由造景的需要来决定，该密则密，该疏则疏，以形成自然清新、古朴幽深的境界。

(三) 苏州园林的艺术风格

苏州园林的艺术风格特点主要表现在其多变的空间形态上。园林可以看成是一种造型艺术，而空间形态是最基本表现手段，山、水、建筑等景观要素也都是以一定空间形态和空间关系存在的。苏州私家园林相对皇家园林来说，规模较小，其空间景观要素及其组合关系，都朝着"小中观大"、追求完善的方向发展，并总结出独特的园林设计手法和艺术风格特点。

第一，曲折迂回的空间变化。

苏州园林与皇家园林相比就规模而言，苏州园林空间体量较小，地形起伏变化不大，为达到视觉空间的丰富变化和深远的效果，造园家们使道路曲折迂回，这样就延长了人们游览的时间，在其间堆山叠石，蓄水为池，栽植花木，使之"有高有凹、有曲有深、有峻而悬、有平而理"，因此苏州园林空间的曲折也就表现在园林景观层次的丰富、变化和深度上。清代著名学者俞樾在苏州建房造园，其园就名为"曲园"。一是因为整个地形曲折，二是其中的小路、景物也都比较曲折。在这个园中，有山径之

通往亭子的山石小径

曲、有池水之曲、有修廊之曲，连建筑物的题名，也都以此命名，如回峰阁，使人想起峰回路转；又如曲水亭，使人想起盘曲潆回。钱泳在《履园丛话》中说：“造园如作诗文，必使曲折有法，前后呼应，最忌堆砌，最忌错杂，方称佳构。”

园林空间的曲折性具体是通过曲蹊、曲路、曲廊连接一个个景区院落，令人在园内左绕右拐，高下起伏，感到曲径通幽，意味深远。特别是苏州园林中的廊，它极富曲折性。具体表现为：其一，廊的体形宜曲宜长，《园冶》中说廊可以“蹑山腰，落水面，任高低曲折，自然断续蜿蜒”，而曲廊“随形而弯，依势而曲。或蟠山腰，或穷水际，通花渡壑，蜿蜒无尽……”苏州园林空间中的廊已发展到几乎可以作任何形式的转折，角度不限，既有蜿蜒曲折，又能高低错落。其二，廊的曲折不仅意味着流线的曲折，而且也意味着空间的曲折，被曲廊、游廊分隔的空间，其自身形态也带有明显的曲折性。通过廊的曲折性和隔而不断的连续性，在咫尺之内，营造变化，增加境深感。其三，廊还具有较强的空间引导性，它总是向人们暗示，沿着它所暗示的方向走下去，必定会有所发现，因而使人怀着期待的

苏州园林中的廊极富曲折性，宜曲宜长

苏州园林峰回路转，景观不断，富有情趣

情绪，顺着游廊的引导到达目标——景的所在。

苏州园林中的空间变化大多数也是借曲廊的分隔而成，其在园区内的建构大致有三种典型的方式。其一，是廊围绕主景区曲折展开，如退思园，其曲廊在主景区中部，沿水池曲岸蜿蜒递进，成合抱之势，岸的曲折与廊的曲折巧妙结合，将池水和其他景观分成两个区域，沿廊而游即可经过景区几乎大部

苏州拙政园小飞虹

分的建筑，又可体验空间的曲折变化。其二，曲廊沿边或环绕建筑展开，形成趋边的曲折，在这方面沧浪亭是较有代表性的。其三，曲廊穿插于景区之中，如苏州拙政园小飞虹，形成局部景观的曲折组合。除廊能造成迂回曲折的空间变化外，有些园林还通过建筑的穿插交错形成空间的曲折变化。

另外，构成苏州园林空间的其他要素，如山石、洞壑、水、驳岸、路径、桥、墙、垣等，均力求蜿蜒曲折而忌平直规整。这在整体上反映了苏州园林追求空间的自然性状和迂回曲折意向的本质所在。

第二，相互渗透的空间层次。

苏州园林的空间追求“庭园深深，深几许”的空间境界，为求得空间的深邃，多不遗余力地以各种方法来增强景的进深感。所谓“藏与露”“虚与实”，从某种意义程度上讲都是为了求得含蓄、幽深所采取的手段。而利用空间的渗透也可极大地加强景的进深感。如果园林空间没有像“藏与露”“虚与实”这种关系的处理，一眼就将园内所有景观都看到了，而视觉也很容易判断出空间的实际大小，但如果隔着一个层次看，空间给人的感觉则要深远得多，如隔着很多层次去看，则会造成一种更为强烈的错觉，使空间具有无穷无尽的深远感，这是因为每一层次中的景观都有近、中、远三个层次之分，虽然空间的物理总量不变，但心理量却大为增加了。如果分隔空间的手法巧妙，各空间的分隔又有交错、渗透，空间会变得更加迷幻深邃。

在苏州园林空间设计中，利用渗透加大景深的手法极其丰富，归纳起来大致有以下几种：

其一，建筑内外空间的渗透。建筑内与外的渗透主要指园林中那种空间限定明确、围合充分、有屋概念的建筑，比如说厅、堂、轩等。在看苏州园林的封闭型建筑中，我们可以注意到，只要可能，造园家们就会在围合面来开窗和门。正是这种围与透的关系处理，使得室内与室外相互流通，将室外的景色引入室内，如拙政园海棠春坞，东西两立面各设置了两扇花窗，窗的外空间则为一大一小两组景观，这两组景观既丰富了由廊南行的空间层次，同时也极大丰富了从花窗向外看的空间深度感。视线已穿过了廊和由砌石、花木所组成的院景，获得了丰富的视觉感受。这是一个借空间的渗透获得层次和深度变化的

透过花窗，室外景色宜人

苏州园林的廊力求蜿蜒曲折而忌平直规整

佳例。

其二，多重空间的渗透。上面提到的例子只是两个相邻的空间之间的渗透关系，它虽可获得层次变化，但也只限于两个层次，因而深度感还是有限的。如果将不同景观特色的空间结合在一起，在空间边界上有所划分，但彼此又有所因借，空间上相互渗透，形成围中有透，透中有围，则空间层次会更加丰富，如拙政园东南的庭园——枇杷园，由海棠春坞、听雨轩、嘉实亭组合而成。它们之间以实墙和花墙加以分割，而又以曲折游廊连接为一个整体。这三个庭园大小、形状、特点各不相同，有的院内主植枇杷，有的以海棠为主景，有的满植芭蕉及池塘睡莲以观赏雨景而得名，其有分有合，围中有透，透中有围，形成一个多层次空间组合。此建筑样体临外部一侧用云墙、假山、树木等多种空间要素来分隔空间，空间形态自由活泼，还能因借外景，空间意境深远。

其三，垣墙上的连续漏窗。若是从室内空间中的花窗向外观望，所能感受到的仅是空间自身在流动，但若是我们走在沿墙的游廊之中，而此半廊的墙上连续设置一列窗口，视点由静止而运动，其动观的效果则更加有趣。随着视点的移动时隔时透，空间在眼前不断展现，步移景移的感觉分外强烈。又如，留园的入口既曲折狭长，又幽暗封闭，然而，由于中部景区的一面侧墙上一连开了十一个门窗洞口，而且各洞口无论在距离、形状、大小和通透程度上都不相同，不仅大大降低了单调沉闷的气氛，而且人们可透过这一列富有变化的洞口窥视外部景物，获得了时暗时亮，时隔时透的空间印象，空间在你眼前不断展现，步移景移的感觉分外强烈。

其四，借景、对景、框景的巧用。苏

若从连续的花窗向外观望，便会看到一幅幅流动的画面

州园林中常用“对景”的手法，实际上就是通过特意设置的门洞和窗口去看某一景物，从而使景物若似一幅图画嵌于框中。由于是隔着一个层次去看，因而显得含蓄深远，这种现象也属于空间渗透的现象，这在苏州园林中运用得非常普遍。

框景与对景有异曲同工之处，也是隔着一个层次去看另一空间的景物，如果说对景所强调的是在所对之景的话，则框景所强调的似乎稍偏重于框的处理，这就是说框景既求空间渗透，又求空间画意，典型的如苏州网狮园内殿春移之窗景，有名曰：“窗虚蕉玲珑”，因其空间渗透而画意更浓。

至于借景，通常指将园外的景色借入园内以开拓更为广泛的空间层次，最典型的莫过于人所皆知的苏州拙政园借北寺塔之景。当然借景往往不一定求特定主题和对象，而主要目的是将园内有限的空间向外扩展。如沧浪亭的看山楼、拙政园的观山楼，虽然现在周边已无山可看，但当初则一定可借得青山绿水。又如沧浪亭，其能巧妙地借园外之水，使园内外空间相互渗透。

其五，廊的空间分割与渗透。苏州园林空间中的廊有组织游览线路、造成连

苏州拙政园见山楼

拙政园梧竹幽居亭

续而又曲折的空间功能外，还可以用其来分隔空间。这里主要指穿越园林空间的敞廊，因为其空间限定虚比实多，其本身有向外渗透的空间意向。而且作为分隔空间，廊使两侧景物互相渗透，丰富了空间的层次变化。例如拙政园小飞虹是一座弧型廊桥，与水阁小沧浪横跨七条水流，两侧亭廊棋布，组成水院，环境幽深、恬静。由小沧浪凭栏北望，透过小飞虹，遥见荷风四面亭，以见山楼作远处背景，空间层次深远。

再就沿墙的半廊而言，本身并不起分隔空间的作用，但其自身却非常注意打破自身空间的单一性，增加空间渗透和层次。比如说留园中部园景中沿西北园墙之半廊，往往有意与墙分离转折向外，在廊与墙之间构成若干小院或大井，并栽花布石，人行于廊中，即便视线滞留廊中，也会感到空间相互渗透，从而加强了廊本身的空间层次变化。张永和从网狮园的曲廊领悟出其间体现的由空间到时间的这一时空意义，小山从桂轩两侧有曲廊，折四次，大约需走 28 步。如在两者之间画直线，约用 24 步，两点之间增加了两秒的距离、曲折的路线又促成了比在直线上运动更频繁的变化，使人在相同的时间内得到更多的视觉信息，意味着经历了更多的空间。这就意味着空间被放大，时间被延长。

第三，步移景移的时空序列。

当人们身处园林空间时，如果空间一览无余，景观组织单调乏味，必然大大降低可游、可行和可望性，因而规划和组织空间、调动各种手段、形成系列的景观，是园林设计的基本要求。尤其苏州园林空间有限，更需将空间按一定观赏线路有秩序地贯通、穿插、组合起来，以获得丰富的空间表情和以小观大的深远意境，正是这种组织形成了苏州园林空间

苏州园林建筑的处理和庭院的布置都很雅致精巧

的序列。

在苏州园林空间序列中一连串空间在大小、纵横、起伏、深浅、明暗、开合等方面不断变化，它们之间既是对比的又是连续的。人们观赏的园林景物，随时间的推移、视线位置的不断变化，观赏线路引导人们依次从一个空间转入另一个空间。随着整个观赏过程的发展，人们一方面保持了对前一个空间的记忆，一方面又怀着对下一个空间的期待，由局部的片断逐步垒加，汇集成一个整体的感受。一般讲苏州园林空间都有起始段——引导段——高潮段，在前面阶段，人们逐渐酝酿一种情绪、一种心理状态，以便使作为高潮的空间获得最大限度的艺术效果。

林石掩映，池水幽深，令人赏心悦目，兴味无穷

从苏州园林设计所体现的艺术风格来看，含蓄之美占有着很重要的地位。苏州园林规模小，在很小的范围内，经园林设计者的匠心独运，造就出了丰富的自然山水效果。林石掩映，池水幽深，亭榭错落，廊桥曲折，令人赏心悦目、兴味无穷，体现了含蓄的艺术魅力。具体说来，苏州传统园林的含蓄主要体现在花木、山石、建筑三方面。花木的含蓄在于巧妙的视觉层次和深度，各种异

建筑、景物相互掩映，形成了绝妙含蓄的艺术风格

花珍木，如红枫、紫藤、翠竹、金桂、玉兰、苍松、枸杞、腊梅、芭蕉、天竹，左右逢源，前后衬托，配合亭台楼阁、山石溪流，互为掩映，隐约藏露，意趣无穷。真可谓“擅风光于掩映之际，览而愈新”。而山石的含蓄更妙，它利用叠石筑山，峰峦起伏，曲折上下，峰回路转，再筑以绝壁、高台、蹬道、穴洞，参差起伏、高低错落，让游览者渐入佳境，有一种无穷深邃之感。峰石掩映而使规模并不大的假山石增添了魅惑力和幽深感，勾起了人们好奇探胜的心理。建筑的含蓄也有很好的掩映效果，本可一步跨过，偏以一面高墙挡住，将美景“藏”起，而一个月洞门又“露”了些许小景，引你怦然心动。等跨出月洞门，又是叠石、花树、溪桥、亭台错落其间，景深丰富，深深地表现出了“庭院深深深几许”的含蓄之美：一个花窗的精美窗框又和窗外景物相合，窗框正好框住亭后的石笋翠竹，远看还真以为是挂在墙上的一幅竹石小景。花木、山石、建筑互为元素，相互掩映，形成了绝妙含蓄的艺术风格。

苏州园林设计的秀逸之美同苏州地区特有的风土人情有着直接的关系，苏州人和气婉约、慢条斯理、悠然自得的人文性格决定了苏州园林秀婉轻柔的艺术风格，如池塘泉水的幽静清冽，假山石峰的玲珑精美，亭馆轩榭的典雅精致，花径游廊的婉转曲直，洞门漏窗的空灵清意，粉墙黛瓦的柔和清影……所有的园林设计布置，无不体现出苏州人对秀逸之美的追求。含蓄秀逸体现的，正是苏州园林设计者对自然的深刻诠释，是一种超乎自然的艺术追求。

(四)苏州园林审美意境的营造

苏州园林讲究在有限的空间内布置景观，体现出精巧的构思和雅致的情趣，从而在内敛含蓄之中引发出无尽的情思与遐想，展现出一份闲情雅致。苏州园林以其精巧的构思，淡雅的风格闻名于世，拙政园、网师园、沧浪亭、狮子林、留园……这一座座艺术精品不知吸引了多少文人墨客、风流雅士徘徊其间、流连忘返。苏州园林何以具有如此经久不衰的艺术魅力，在一定程度上要归功于它所营造的意境之美。

对于善于感性思维的中国人来说，意境是艺术的最高境界。由境生意，由境抒意，是中国人习惯的表达方式。宗白华先生在《艺境》中对意境的解释为："以宇宙人生的具体为对象，赏玩它的色相、秩

苏州拙政园一景

序、节奏、和谐，借以窥见自我最深的心灵反映，化实景为应景，化形象为象征，使人类最高的心灵具体化、肉身化，这就是艺术境界。”

意境的基本特征就是以有形表现无形，以物质表现精神，以有限表现无限，以实境表现虚境，使有限的具体形象和想象中的无限形象相统一，化实为虚，化象为境，从而进入更高一层的精神境界也就是人们常说的意境。园林意境的产生，也正是造园者或园主人把自身心灵深处的东西物化于具体的景致之中，使

狮子林一景

苏州园林景色淡雅清新

意与境、情与景有机融合的结果，也即指造园者的主观意趣，造园思想负载于具体景物形象上，并通过暗示、象征等手法，让观赏者在欣赏园林物化形象的同时体会到造园者所要表达的弦外之音、象外之致，从而产生园林的意境美。

苏州园林中的意境美在其建筑景物中。

首先，它有着清新淡雅的景色。苏州园林景色清新淡雅。苏舜钦在《沧浪静吟》中写道："独绕虚亭步石矼，静中情味世无双。山蝉带响穿疏户，野蔓盘青入破窗。"尽显其清淡之色调、清雅之韵味。

苏州园林建筑外观基本是白墙黑瓦，朴实无华

苏州园林空间中的建筑，外观颜色基本上是白墙、黑瓦，以单纯朴素的色泽构成中性基调，淡装素裹、朴实无华、毫无视觉上的耀眼刺激。这种墙面的白则正好是景物借助光线投射的天然屏幕，如在怡园拜石轩南庭院，当红日西斜，东面粉墙上就出现灰(影子)白(粉墙)构成一幅天然成趣的杂枝、竹影、湖石立峰的剪影。瓦的黑、影的灰、墙的白，好一幅浓淡相宜的水墨画，使空间意韵无穷。园中植物则突出一个“绿”字，苏州园林空间，虽有花木点缀，但却是以观叶类、林木、荫木类为主。当坐在西园“涵碧山房”由透窗看去，满目绿意盎然，远处枝叶上掩

色绿姿秀带给苏州园林满园清趣

荫处云亭飞动，东面一片绿地中透出“清风池”和“西楼”的黑白影姿，正前方绿色丛中小廊回合，其正合了“秀色可餐”这句成语。餐翠腹可饱，饮绿身须轻。可谓“夏日无暑清凉，秋日萧远清谧”。绿色，使苏州园林空间中散发出郁郁清芳之气，色绿姿秀带给苏州园林空间满园清趣。如果将苏州园林的这种黑、白、灰、绿与形、景、声、色、光交织起来，则日出有清荫，月照有清影，风来有清声，雨来有清韵，雾凝有清光，雪停有清趣，绘出一幅空间立体的淡彩水墨。

以清为雅，以淡为高，贵淡不贵艳的审美情趣乃系出道家。道家认为大“道”

乃淡，老庄言："五色令人目盲""五色乱目，使目不明。"如和氏之璧，不饰以五彩；随侯之珠，不饰以银黄。华美虽佳却易俗，淡雅虽朴却隽永。浮体刮落，独露本美。故老庄好质而恶饰，处实而弃华，倡导"怡淡寡欲"。这种平淡趣远的审美意识的确立，理所当然成为苏州园林的情趣指向。

苏州园林正是造就了这样一个清淡世界。拙政园内"涵青亭"前"池草涵艳""浮翠阁"宛如浮在翠绿树之上。悟竹幽居亭幽幽静静，萧条悟竹同，秋物映园庐。这种清淡自然独有，无须苛求，正合了庄子"天无为以之清，地无为以之宁，故两无为相合，万物皆化"之意，真可谓"无为乃清，无为乃淡，行于平夷，守实整体，而韵自胜"。

其次，它有着阴柔委婉的韵味。美的形态有阳刚与阴柔之分。阳刚之美气势浩瀚、雄浑遒劲、刚强博大、阴柔之美秀雅清丽，柔弱纤细，玲珑可爱，正所谓"骏马秋风冀北，杏花春雨江南"。

在我国古典园林艺术中，皇家苑囿如颐和园、避暑山庄等，皆灿烂辉煌、豪华壮美；苏州园林则柔媚优美，清雅宜人。阳刚可见出强悍的魄力，而阴柔更有

平淡趣远是苏州园林的情趣指向

秀茂的花木，玲珑的山石

令人咏叹的余蕴。

对苏州园林的审美风格，陈从周先生曾有精确的概括。他通过与扬州园林的比较指出：“余尝谓苏州建筑及园林，风格则多雅建。（《说园(五)》）扬州园林……与苏州园林的婉约轻盈相较颇有琵琶铁板唱‘大江东去’的气概”。（《扬州园林与住宅》）他在《苏州园林概述》中还指出：苏州园林风格有类于南宗山水画，“秀逸天成”，整个园林具有“轻巧外观”“秀茂的花木，玲珑的山石，柔媚的流水，十分协调……”

苏州园林空间中透露出的柔美秀丽，其品格与苏州特殊的水土所培育的苏州人的品貌和性格存在着某种值得探究的对应关系。也应合了道家贵柔美学思想。“道”绵细柔和，若有若无，柔弱乃道之性，“弱者道之用”“柔弱胜刚强”。老庄认为，坚强刚直易亡，而柔弱平和易存。世界上最柔弱之物是水，但水却能贯金穿石，销铜蚀铁，“天下之至柔，驰骋天下之至坚”。俗话说：“狂风吹不断柳丝，齿落而舌长存”，也是此理。在老庄美学中，柔弱、软、细等概念，充满着强烈的生命力，是生机永存、持久的象征。所以老庄以柔为美，以柔为根，赞阴柔胜于阳刚。

苏州园林空间是老庄的“守柔”“贵雌”“好静”的具体化表现，是幽静闲雅多于喧嗓骚动，清新淡雅多于浓烈醇美，宁和平静多于动荡激越。道性贵柔，柔刚必曲。以形式美角度看，苏州园林空间的柔美形式因素就是曲。它千姿百态，多种多样，有婉转曲折、通花渡壑的曲廊，一步一折，一步一景，如在画中游。拙政园中部的“柳阴路曲”廊是蜿蜒于平地的空廊，其曲折的构成既复杂多变，又自然合度，它以垂柳群为主要掩映物，在其间透逛穿插。这条曲廊的曲线特别美，短短的一段竟有十个不同的走向，有如北斗之

曲桥连亭

折，而又毫无矫揉造作之感。再如拙政园西部的波形水廊，从总体上看，它是由两条波状线组成的，其临水而设，起伏曲折虽不大，但微微地升降、缓缓地回旋，如同轻婉清扬的旋律，给人以舒适而悠扬的美感。除曲廊外，还有若断若续的曲水，如游龙、似惊蛇，起伏不尽的云墙，凹凸不平，随形而筑的曲岸，可谓处处见曲姿，时时显柔美。

拙政园的波形水廊

园林名著《园冶》竭力主张“曲”谓“深奥曲折，通前达后，全在斯半间中，生出幻境也”。“曲折有条，端方非额，如端方中须寻曲折，到曲折处环定端方”，当然园之曲应有限度，但我们不能不承认“境贵乎深，不曲不深也”。曲，隐现无穷之态，招摇无限春光。

柔还是秀雅平和的同义词。苏州园林空间中所散发的柔美之情，还通过园林空间中的诸要素，如花木(修竹、绿苔、弱柳、瘦菊、幽兰、残荷、曲梅)、山水(清流、溪涧、瘦石)、天象(薄云、细雨、轻烟、淡月、夕辉、微雪)等景致的综合融汇来体现。徜徉其间，可以感到岸芷汀兰的清秀、云光水色的空灵、幽影映红墙的淡雅、池塘月色的静谧、曲岸绿池的舒徐……苏州园林空间散发出的柔性之美的气息，既有地域文化的特色，又有道家文化的内涵。

从设计角度来看，意境具有“情景交融，虚实相生，意与境谐以及韵味无穷”的艺术审美特征，中国园林艺术是融合了自然环境、建筑、诗、画、楹联、雕塑等多种艺术的综合体，因此园林意境产生于多种园林艺术要素的综合效果。园林在形成与发展过程中，它始终与山水画、山水诗乃至山水文学紧密相关，文人参与园林设计，尤其是大量画家和诗人的介入进一步促进了园林对意境美的发掘。中国古典园林特别强调造园的审美“意境”，追求“虚实相生，无画处皆成妙境”的艺术效果。清代画家方士庶在其《天慵庵随笔》中写道，“山川草木，造化自然，此实境也；画家因心造境，以手运心，此虚境也。虚而为实，是在笔墨有无间，衡是非、定工拙”。因此园林常借鉴绘画四邻，在造园布局时，常让幽深的景色半含半露，或是把美好的意境隐藏在一个或一组景色的背后，采取欲扬先抑的手法，逐步延伸开来，曲径通幽，增添了园林的艺术深度，加强了观者对人生以及美好自然的深刻理解。

从欣赏角度来看，苏州园林空间意

许多文人画家都深入其中，发掘园林的意境美

朴实淡雅的建筑屋顶

境的产生来源于其真实物体带给人的感受和人们对此产生的联想。它包括了园林空间中的地貌形态、山石、水体、植被、建筑等物质要素，而其形象又随季节、时间、气候而变动。苏州园林空间艺术的感染力综合作用于游赏者的全部感官，具体包括：(1)视觉：园林中除了形、色之外，如文字、绘画，多了一层三度空间，于是就有了旷与奥、高远、平远等视觉感受。同时园内景色观赏还可扩大到各种借景和天象景观。(2)听觉：自然界的声音如松涛之声，雨打芭蕉、泉瀑飞溅之声等以及蝉、蛙、鸟等的鸣叫，如拙政园“蝉噪林愈静，鸟鸣山更幽”则是听觉与景的相互作用所生境的抒发。(3)嗅觉：如拙政园的元香堂“香州”、沧浪亭的“清香馆”均取之花香。(4)触觉：园林空间是一个真实的境域，人在其中可望可行，可游可居，在环境的直接接触中产生多种感受。(5)文字信号的感觉：苏州园林一大特色就是用题名、楹联、匾额、石刻等提示游人游赏者，引导人们产生创作者预期的审美感受。如退思园“闹红一舸”“孤雨生凉”，拙政园“与谁同坐轩”“水木清华”“静深”等等。

苏州园林透露出的柔美秀丽与苏州文化内应外合

游赏者在物境中获得的多重感觉印象，仅仅是引发意境的媒介，只有在此基础上再产生联想与想象，才能在意念中激起物外之境、景外之情。

游赏苏州园林，很容易激发游客的物外之境，景外之情

苏州园林空间中透露出的柔美秀丽，其品格与苏州特殊的水土所培育的苏州人的品貌、性格也迎合了道家贵柔美学思想。存在着某种值得探究的对应关系。因此意境审美观进入园林是造园思想的一个巨大超越，独特的意境之美才得以体现和张扬，使得中国古典园林在世界园林体系中独树一帜。

三 名园欣赏篇

拙政园是苏州园林中面积最大的古典山水园林

（一）拙政园

拙政园始建于明代正德四年(1509年)。御史王献臣因官场失意而还乡，以大弘寺址拓建为园。拙政园的园名是据西晋潘岳的《闲居赋》中“此亦拙者之为政也”之句缩写而成的。王献臣于明代弘治六年(1493年)中进士，升为御史，但仕途不顺利，曾两次被东厂缉事诬陷，受过刑、下过狱、被贬为广东驿丞，后任永嘉知县，罢官后居家，心里的痛楚无法言表。他对文徵明说：“我之所以要起‘拙政园’这个名字，就是要像潘岳一样隐退于林泉之下，要像陶渊明一样守拙归田园。”这个园名，反映了王献臣当时那种既无可奈何，又想自我解嘲的复杂心态。

王献臣死后，园宅屡易其主，或属私家宅第，或为官府衙署，几经兴衰。先是他的儿子一夜巨赌，将园输给徐氏；徐氏居此园五世，后家道衰而其园废；崇祯四年，侍郎王心一购得园东部荒地 10 余亩，王心一善画山水，悉心经营，布置丘壑，并以陶潜诗“归田园居”，命名此园。

在以后的四百余年间，沧桑变迁，屡易其主，几度兴废，原来浑然一体的园林演变为相互分离、自成格局的三座园林。

苏州拙政园的亭台院落间有漏窗回廊相连

苏州拙政园里的建筑石雕

东区的面积约31亩,现有的景物大多为新建。园的入口设在南端,经门廊、前院,过兰雪堂,即进入园内。东侧为面积广阔的草坪,草坪西面堆土山,上有木构亭,四周萦绕流水,岸柳低垂,间以石矶、立峰,临水建有水榭、曲桥。西北土阜上,密植黑松,枫杨成林,林西为秫香馆(茶室)。再西有一道依墙的复廊,上有漏窗透景,又以洞门数处与中区相通;中区为全园精华之所在,面积约为18.5亩,其中水面占1/3。水面有分有聚,临水建有形体各不相同、位置参差错落的楼台亭榭多处。主厅远香堂为原园主宴饮宾客之所,四面长窗通透,还可览园中景色;厅北有临池平台,隔水可欣赏岛山和远处亭榭;南侧为小潭、曲桥和黄石假山;西循曲廊,接小沧浪廊桥和水院;东经圆洞门入枇杷园,园中以轩廊小院数区自成天地,外绕波形云墙和复廊,内植枇杷、海棠、芭蕉、竹等花木,建筑处理和庭院布置都很雅致精巧;西区面积约为12.5亩,有曲折水面和中区大池相接。建筑以南侧的鸳鸯厅为最大,方形平面带四耳室,厅内以隔扇和挂落划分为南北两部,南部称"十八曼陀罗花馆"北部名"三十六鸳鸯馆",夏日用以观看北池中的荷蕖水禽，冬季则可欣赏南院的假山、茶花。池北有扇面亭——“与谁同坐轩”，造型小巧玲珑。东北为倒影楼，同东南隅的宜两亭互为对景。

早期王氏拙政园，有文徵明的拙政园“图”“记”“咏”传世，比较完整地勾划出园林的面貌和风格。当时，拙政园占地约 13.4 公顷，规模比较大。园多隙地，中亘积水，浚沼成池。有繁花坞、倚玉轩、芙蓉隈及轩、槛、池、台、坞、涧之属，共有三十一景。整个园林竹树野郁，山水弥漫，近乎自然风光，充满浓郁的天然野趣。

经历一百二十余年后，明崇祯四年

整个拙政园山水弥漫，竹树野郁，充满情趣

(1631 年)已荡为丘墟的东部园林归侍郎王心一所有。王心一善画山水，悉心经营，布置丘壑，并以陶潜“归田园居”诗命名此园。该园有放眼亭、夹耳岗、啸月台、紫藤坞、杏花涧、竹香廊等诸胜，可分为四个景区。中为涵青池，池北为主要建筑兰雪堂，周围以桂、梅、竹屏之。池南及池左，有缀云峰、联壁峰，峰下有洞，曰“小桃源”。步游入洞，如渔郎入桃源，桑麻鸡犬，别成世界。兰雪堂之西，梧桐参差，茂林修竹，溪涧环绕，为流觞曲水之意。北部系紫罗山、漾荡池。东甫为荷花池，面积达四五亩，中有林香楼。家田种秫，皆在望中。

梧桐参差，溪涧环绕

乾隆初年，拙政园东部园林以西又分割成中、西两个部分，其中，西部现有布局形成于光绪三年(1877年)，由张履谦修葺，改名“补园”。遂有塔影亭、留听阁、浮翠阁、笠亭、与谁同坐轩、宜两亭等景观。又新建三十六鸳鸯馆和十八曼陀罗花馆，装修精致奢丽；中部是拙政园最精彩的部分。虽历经变迁，与早期拙政园有较大变化和差异，但园林以水为主，池中堆山，环池布置堂、榭、亭、轩，基本上延续了明代的格局。从咸丰年间《拙政园图》、同治年间《拙政园图》和光绪年间《八旗奉直会馆图》中可以看到山水之南的海棠春坞、听雨轩、玲珑馆、枇杷园和小飞虹、小沧浪、听松风处、香洲、玉兰堂等庭院景观与现状诸景毫无二致。因而拙政园中部风貌的形成，应在晚清咸丰至光绪年间。

拙政园整个园林建筑仿佛浮于水面之上

拙政园在不同的历史阶段，其布局有着一定区别，特别是早期拙政园与今日现状并不完全一样。正是这种差异，逐步形成了拙政园独具个性的风格与特色：首先，因地制宜，以水见长。据《王氏拙政园记》和《归田园居记》记载，园地“居多隙地，有积水亘其中，稍加浚治，环以林木，地可池则池之，取土于

拙政园庭院建筑

池，积而成高，可山则山之。池之上、山之间可屋则屋之。”充分反映出拙政园利用园地多积水的优势，疏浚为池；望若湖泊，形成晃漾渺弥的个性和特色。拙政园中部现有水面近六亩，约占园林面积的三分之一，“凡诸亭槛台榭，皆因水为面势”，用大面积水面造成园林空间的开朗气氛，基本上保持了明代“池广林茂”的特点；其次，疏朗典雅，天然野趣。早期拙政园，林木葱郁，水色迷茫，景色自然。园林中的建筑十分稀疏，仅“堂一、楼一、为亭六”而已，建筑数量很少，大大低于今日园林中的建筑密度。竹篱、茅亭、草堂与自然山水溶为一体，简朴素雅，一派

拙政园屋檐建筑简朴素雅

拙政园观鱼亭

自然风光。拙政园中部现有山水景观部分，约占据园林面积的五分之三。池中有两座岛屿，山顶池畔仅点缀几座亭榭小筑，景区显得疏朗、雅致、天然。这种布局虽然在明代尚未形成，但它具有明代拙政园的风范；再次，庭院错落，曲折变化。拙政园的园林建筑，早期多为单体，到晚清时期发生了很大变化。首先表现在厅堂亭榭、游廊画舫等园林建筑的明显增加。中部的建筑密度达到了16.3%。其次是建筑趋向群体组合，庭院空间变幻曲折。如小沧浪，从文徵明拙政园图中可以看出，仅为水边小亭一座。而八旗奉直会馆时期，这里已是一

拙政园天泉亭

组水院。由小飞虹、得真亭、志清意远、小沧浪、听松风处等轩亭廊桥依水围合而成，独具特色。水庭之东还有一组庭园，即枇杷园，由海棠春坞、听雨轩、嘉实亭三组院落组合而成，主要建筑为玲珑馆。在园林山水和住宅之间，穿插了这两组庭院，较好地解决了住宅与园林之间的过渡。同时，对山水景观而言，由于这些大小不等的院落空间的对比衬托，主体空间显得更加疏朗、开阔。

这种园中园式的庭院空间的出现和变化，究其原因除了使用方便的理由外，恐怕也与园林面积缩小有关。光绪年间的拙政园，仅剩下了1.2公顷园地。与苏州其他园林一样，占地较小，因而造园活动首要解决的课题是在不大的空间范围内，能够营造出自然山水的无限风光。这种园中园、多空间的庭院组合以及空间的分割渗透、对比衬托；空间的隐显结合、虚实相间空间的蜿蜒曲折、藏露掩映；空间的欲放先收、先抑后扬等等手法，其目的是要突破空间的局限，收到小中见大的效果，从而取得丰富的园林景观。这种处理手法，在苏州园林中带有普遍意义，也是苏州园林共同的特征；最后，园林景观，花木为胜。拙政园以“林木绝胜”著称，数百年来一脉相承，沿袭不衰。早期王氏拙政园三十一景中，三分之二景观取自植物题材，如桃花片，“夹岸植桃，花时望若红霞”；竹涧，“夹涧美竹千挺”，“境特幽回”；“瑶圃百本，花时灿若瑶华”。归田园居也是丛桂参差，垂柳拂地，“林木茂密，石藓然。每至春日，山茶如火，玉兰如雪。杏花盛开”“遮映落霞迷涧壑”。夏日之荷。秋日之木芙蓉，如锦帐重叠。冬日老梅偃仰屈曲，独傲冰霜。有泛红轩、至梅亭、竹香廊、竹邮、紫藤坞、夺花漳涧等景观。至今，拙政园仍然保持了以植物景观取胜的传统，荷花、山茶、杜鹃为著名的三大特色花卉。

花开时节，更显得整个园林明艳照眼

仅中部二十三处景观中，百分之八十是以植物为主景的景观。如远香堂、荷风四面亭的荷（“香远益清”，“荷风来四面”）；倚玉轩、玲珑馆的竹（“倚楹碧玉万竿长”“月光穿竹翠玲珑”）；待霜亭的桔（“洞庭须待满林霜”）；听雨轩的竹、荷、芭蕉（“听雨入秋竹”“蕉叶半黄荷叶碧，两家秋雨一家声”）；玉兰堂的玉兰（“此生当如玉兰洁”）；雪香云蔚亭的梅（“遥知不是雪，为有暗香来”）；听松风处的松（“风入寒松声自古”），以及海棠春坞的海棠，柳阴路曲的柳，枇杷园、嘉实亭的批把，得真亭的松、竹、柏等等。拙政园的园林艺术，在中国造园史上具有重要的地位。

拙政园内的芭蕉

网师园是苏州中型古典山水宅园的代表

它代表了江南私家园林一个历史阶段的特点和成就。

(二) 网师园

网师园位于葑门内阔家头巷，后门可达十全街，现有面积约 9 亩，是一处典型的清代宅园，属园林中的精品，被誉为苏州园林之“小园极则”。1982 年被国务院列为全国重点文物保护单位。1997 年被联合国教科文组织列入《世界遗产名录》。

网师园的历史要上溯到南宋时期，在宋室南迁后，全国的经济、文化、政治中心也随之迁到南方。北方的造园渐渐衰落而南方反而兴盛起来，这一时期除了在前代园林的基础上大事修葺扩建外，还新建了许多私家园林，其中最有名的是苏州的网师园。

网师园初建于南宋淳熙元年(1174年)，为南宋退隐侍郎史正志所建之“万卷堂”旧址，亦称“渔隐”，后几经转手，逐渐荒废。清代乾隆三十年(1765年)，光禄寺少卿宋宗元购得部分荒园，退隐在此重加修建。既借旧时“渔隐”之意，且与巷名“王思”谐音，自比渔夫。更名“网师园”仍寓渔隐之意。乾隆末年园归瞿远村，按原规模修复并增建亭宇，俗称“瞿园”。今网师园规模景物建筑是瞿园遗留下来的。历史变迁，几经辗转，1940年园子被文物收藏家、鉴赏家何澄买下，加以修整，力图恢复旧貌，仍用网师园旧名。1950年何氏后人将园捐给国家。1958年10月，网师园经当时的苏州市园林管理处全面整修后对游人开放。

网师园自史正志构建“万卷堂”至1958年对外开放，其间将近八百多年。历代园主对园景皆有增减，贡献功不可没。而今日之格局风貌奠定于清朝晚期之瞿远村。因此，网师园总体上保持的是晚清苏州园林的风貌，即建筑较多、园景小而精致。

网师园一景

网师园布局精巧、结构紧凑

现在“网师园”的规模、景物建筑保持着旧时一组完整的住宅群及中型古典山水园，成为我国江南中小型古典园林的代表作。网师园布局精巧、结构紧凑、以建筑精巧和空间尺度比例协调而著称。

网师园内的一草一木都透着别样的风韵

网师园的整个建筑分三大部分：东部为住宅；中部为主园；西部为内园。网师园按石质分区使用，主园池区用黄石，其他庭园用湖石，不相混杂。在景观上，由主、辅景区组成。主景区以水面为中心，各景点都围绕水面布置，整个主景区通过对尺度比例的精妙把握，对空间抑扬收放的自如处理，对园林建筑遮掩敞显的潜心安排，使数亩小园如诗之绝句，词之小令，耐人玩味。辅景区为主景区的补充与延伸，丰富了景观的层次感和深度感，使人有“庭院深深深几许”之感。古树花卉也以古、奇、雅、色、香、姿见著，并与建筑、山池相映成趣，构成主园的闭合式水院。池水清澈，东、南、北方向的射鸭廊、濯缨水阁、月到风来亭及看松读画轩、竹外一枝轩，集中了春、夏、秋、冬四季景物及朝、午、夕、晚一日中的景色变化。所以游园时，宜坐、宜留，以静观为主。绕池一周，可细数游鱼，可亭中待月迎风。花影移墙，峰峦当窗，宛如天然图画，所以并不觉其园小。夜游网师园除了能品味园林夜景，还能欣赏到评弹、昆曲等节目。西部为内园(风园)，占地约 1 亩。北侧有小轩三间，名“殿春簃”，旧时以盛植芍药闻名。庭院假山，采用周边假山布局，东墙峰洞假山围成弧形花台，松枫参差。南面曲折蜿蜒的

网师园内的荷花池

花台，穿插峰石，借白粉墙的衬托而富情趣，与“殿春簃”互成对景。花台西南为天然泉水“涵碧泉”。洞容幽深，寒气逼人，与主园大池水脉贯通，此一眼泉水如蛟龙吐水，使无水的“殿春簃”不偏离网师园以水为中心的主题。北半亭“冷泉亭”因“涵碧泉”而得名。亭中置巨大的灵璧石，形似展翅欲飞的苍鹰，黝黑光润，叩之铮铮如金玉，是灵璧石中的珍品。在亭中“坐石可品茗，凭栏可观花”，令人赏心悦目。

网师园的住宅与花园结合贯穿紧密，屋高宇敞，内部装饰十分雅洁，外部砖雕极其细腻。中部为主园景区，以池水为中心，池水清澈，犹如一块明镜，天光、山色、亭阁、花木的倒影清晰地从中映现出来，形成了虚实对称的美景。西部为内园区，建有小型庭院，精巧典雅，是一座典型的苏州住宅园林。该园面积虽不大，但布置紧凑，假山水池安置妥帖，互相映衬。亭楼建筑参差错落，比例恰当，布局严谨，主次分明。又富于变化，使人产生园内有园、景外有景之感。建筑虽多，却不见拥塞山池；虽小，却不觉局促。因此，被认为是苏州古典园林中以少胜多的典范。

网师园被列为全国重点文物保护单位

网师园以集聚之水景见长。在大园的中央有一个仅 20 来米见方的荷花池，四周假山建筑和花木布置疏密有间、高下宜人。位于水池四周东南西北向的四个景点为：射鸭廊、濯缨水阁、月到风来亭和看松读画轩。它们分别主赏春、夏、秋、冬四季不同的特色，人称四季景：春景，射鸭廊在水池东北角上，这里紧靠的是住宅部分的后楼撷秀楼和自成一区的读书阅览之处。五峰书屋是从后门十全街进园游览的必经之地，廊西向临池槛外隙，地上种植着一丛丛小灌木迎春藤，当万物尚处于冬眠之际，它那垂向水面的翠条上已缀满密若繁星的金花，预报着春之将临；夏景，濯缨水阁在荷池之南与东边云岗黄石假山为邻，正好与春景倚角相对。水阁坐南朝北，前边临水一面开畅通透，其临水向北有两个好处：其一是看景点北向，则所看主要风景皆向阳，山石竹树、建筑亭台在阳光下其阴影虚实的变化，就看得格外真切；其二是，北向可避免阳光直接照射，室内清凉宜人，特别是夏日在此赏景，就会感到分外清凉；秋景，月到风来亭在池西凸山水中的高阜上，后面有曲廊，南通濯缨水阁，北去看松

网师园中至今仍留有许多文人的对联与诗作

读画轩。每当秋时明月初上，在此待月迎风，堪称园中一绝。翘首相望天上一轮皓月，俯视池面，银光晃荡，月沉水中，还似一轮秋影转金波。更为别致的是，造园艺术家还在亭中置了一面大镜子，每当赏月者仰视、俯视之后，偶尔回头一望，会出乎意料地发现镜中还有一个月亮。此景此情，不由得使人在心中萌发出对我国园林艺术的由衷赞叹；冬景，看松读画轩在水池尽北头，朝南三间瓦房是网师园的主要厅堂，它的东边有廊可通集虚斋和竹外一枝轩。西边一墙之隔便是殿春簃，大荷花池西北隅的一个小小湾直接通向轩前一块留虚的铺地。水湾上有三曲平桥，可通向另一边小巧的叠石假山。前有湖石砌的花坛，峰石之间，后有古松三株，傲然屹立。传说是宋代建国之初所植，已有数百年历史。透过古树枝丫和峰石，则是一片开阔的池水，隔岸的濯缨水阁和云岗假山远远地在打招呼。山石后还露出了小山丛桂轩的一角倩影。要是在冬天临轩窗外望，近处是古松虬枝平桥石峰；中间是逆光中碧波粼粼的亭廊倒影；远处则是池南的山树小轩，景致深远，层次分明，网师园中部山水风光组成的风景画面悉呈眼前。

网师园内景

苏州狮子林至今已有650年的历史

综观网师园，秀丽、精致、小巧、淡雅，亭台楼阁，山水花木，乃至今日之内部陈设，处处得体，样样俱精。陈从周《说园》谓之“小而精，以少胜多”“亦居上品”。

（三）狮子林

狮子林位于江苏省苏州市城区东北角园林路23号，面积16.7亩，开放面积13.14亩，内水面约1.8亩，是苏州古典园林的代表之一，至今已有650多年的历史。2000年被列入《世界文化遗产名录》，拥有国内现存面积最大的古代假山群。

狮子林始建于元代至正二年，1342

狮子林厅堂楼阁建得十分精巧

年“天如禅师维则之门人为其师创造”“林有竹万个，竹下多怪石，有状如狻猊，故名师子林，且师得法于普应国师中峰本公，中峰倡道天目山之师子岩，又以识其授受之源也”。

天如禅师维则圆寂后，弟子散去，寺园日渐荒芜，散为杂居。元末，张士诚婿潘元绍府在此一带，附近皆其宅第。明洪武六年(1373年)，倪瓒绘狮子林图，画面上竹树丛植，茅舍疏朗，怪石耸峙，不见山洞。翌年，徐贲作《狮林十二景图》。嘉靖年间寺僧散去，奇峰堂构沦没于荒烟蔓草间。后又被豪家占为市廛。万历年间，知县江盈科访求故地，重建殿阁与园。清初，一度废为民居。顺治五年(1648年)又重建，胜于旧观。康熙四十二年(1703年)，玄烨来游寺园。

顾禄《清嘉录》云：“康熙间，黄小华殿撰之父购为涉园。”(黄父即衡州知府黄兴祖。其子黄轩字小华，乾隆三十六年状元)园内有合抱松树5株，又称五松园。园寺分立始于此。梁章钜《浪迹丛谈》云：乾隆二十七年南巡莅吴，始开辟蔓草，筑围墙垣。乾隆帝数次来游，展倪图对照观赏，作诗有“一树一峰入画意，几弯几曲远尘心”之句。回京后按倪图笔意，在圆明园、避暑山庄仿构，分别题“狮子林十六景”。

据乾隆三十六年《南巡盛典图》，前寺后园，以墙分隔，园范围约相当于今日园中部山池一带，池西紧靠界墙。至乾隆中叶，文士题咏中已多赞誉仁元(即润生)《重修狮子林记》和《狮子林图》。过堂后小方厅，北院花台上有湖石巨峰，似由九头姿态不同的狮子组成。峰北院墙漏窗图案分别为琴棋书画。池北岸亭内高悬乾隆三十年亲题“真趣”匾，与荷花厅同为赏荷佳处。石舫北暗香疏影楼附近假山叠石亦称上选。池西问梅阁前有梅花数株，窗槅、地面、桌凳均呈梅花形，阁檐之旁叠石引水筑人工瀑布，其旁飞瀑亭。可观飞瀑三叠而下。碑亭北对修竹阁，亭阁之间叠黄石假山“小赤壁”，宛似天然石壁溶洞。余则燕誉堂庭院、扇亭、古五松园等处俱见匠心。

“狮子林”既有苏州古典园林亭、台、楼、阁、厅、堂、轩、廊之人文景观，更以湖山奇石，洞壑深遂而盛名于世，素有“假山王国”之美誉。

狮子林的假山，群峰起伏、气势雄浑、奇峰怪石、玲珑剔透。假山群共有9条路线、21个洞口。横向极尽迂回曲折，

狮子林内的亭台楼阁

狮子林内的月门竹林

竖向力求回环起伏。游人穿洞，左右盘旋，时而登峰巅，时而沉落谷底，仰观满目叠嶂，俯视四面坡差，或平缓、或险隘，给游人带来一种恍惚迷离的神秘趣味。“对面石势阴，回头路忽通。如穿九曲珠，旋绕势嵌空。如逢八阵图，变化形无穷。故路忘出入，新术迷西东。同游偶分散，音闻人不逢。变幻开地脉，神妙夺天工”。“人道我居城市里，我疑身在万山中”，就是狮子林的真实写照。

狮子林有着独特的建筑特色与艺术风格。首先，它是糅合了宗教含义的山水园。典型的苏州园林是文人写意山水园，园主大多数是文人或士大夫。他们追求自由的空间，“师法自然、效法自然”，追求“一峰则太华千寻，一勺则江湖万里”的意境。狮子林则不然，天如禅师在建园中虽然利用了宋代官家的废园，但追求的是“识其授受之源”，即天目山狮子岩。要的是清旷幽邃的山林意境。园内“作屋不多”“悉如丛林规制”，禅意尽在其中，将怪石比作狮子，比作听经说法的僧人，整座假山群布局扑朔迷离，暗藏玄机；其次，它是交融了南北园林装饰风格的山水园。由于乾隆皇帝对苏州园林特别喜爱，他六次游览狮子林。园内有特意为他书写的“真趣”匾建起的亭子。小青瓦、飞檐戗角、吴王靠、砖细坐槛。但亭内装饰完全是皇家园林的装饰风格，画栋雕梁，流金溢彩，六只镏金小狮子点缀于吴王靠上，亭柱上外悬两只倒挂金狮子，金碧辉煌，浓丽华美。

据史载，1703 年 2 月康熙皇帝南巡狮子林赐额“狮林寺”后，乾隆皇帝六游狮子林，先后赐“镜智圆照”“画禅寺”及现存“真趣”等匾额。乾隆还下令在北京圆明园、承德避暑山庄内仿建了两座狮子林。可见当年帝皇对狮子林情有独钟，狮子林自元代以来，几经荒废，几经兴旺。历次的重修都打上了深深的历史

苏州狮子林燕誉堂

烙印，反映了当时的历史、文化、经济特征。颇具争议的是最后一代园主贝润生对狮子林的重建。清咸丰年间，狮子林年久失修，叠石亭台坍塌，由贝润生购下重修。植花木、浚水池，增建燕誉堂、小方厅、九狮峰、牛吃蟹等景点。园周环以长廊，上置“听雨楼藏帖”“乾隆御碑”“文天祥诗碑”等碑刻71块。建湖心亭、九曲桥、石舫、荷花厅、见山楼、人工瀑布等景点，峰石依日。又购园东住宅，建族校、家祠，在修建过程中采用了部分现代的建筑材料，如水泥、钢筋、彩色玻璃等，修建了部分西洋风格的建筑，留下了造园史上的败笔和有争议之处。但也很好地保护了原存的建筑和假山，搜集了大量文物，使一代名园得以再现光辉；再次，以假山群为主要景点是山水园狮子林的又一特色。狮子林能够在众多的江南园林中独放异彩，正是有赖于这一特性。假山群占地约53平方米，几乎全部用具有“瘦、透、漏、皱”的太湖石堆叠。假山分水假山和旱假山两部分，局部假山分上、中、下三层。有“桃源十八景”之说。反映了各个不同历史时期文化风貌的山水园——狮子林，从最初的禅宗丛林到寺庙后花园，最后演变为私家花园，园林主

苏州狮子林室内景观

人的更替，必然在历次修缮中反映到造园艺术上。狮子林在面积仅有9000多平方米的范围内，保留了元、明、清、民国等历史遗存，使其各具特色，又巧妙融合在较为统一的风格中，成为苏州园林造园史上值得重视的特例；最后，狮子林假山在中国古典园林中有“曲折、复杂”之最之称。元末明初建园时，搜集了大量北宋“花石纲”的遗物，经过叠石名家的精妙构思，假山群气势磅礴，以“透、漏、瘦、皱”的太湖石堆叠的假山，玲珑俊秀，洞壑盘旋。假山上有石峰和石笋，石缝间长着古树和松柏。石笋上悬葛垂萝，富有野趣。沿着曲径磴道上下于岭、峰、谷、坳之间，时而穿洞，时而过桥，高高下下，左绕右拐，来回往复，奥妙无穷。两人同时进出分左右路走，只闻其声不见其人，少顷明明相向而来，却又相背而去。有时隔洞相遇，是可望而不可及。眼看“山重水复疑无路”，一转身“柳暗花明又一村”。一边转，一边可欣赏千姿百态的湖石，多数像狮形，大大小小有500来头，有怒吼的、有酣睡的、有嬉戏打闹的、或躺或立、或大或小、或肥或瘦。也有像鼋的，像鱼的，像鸟的。还可找到十二生肖图，真叫人

狮子林内的奇山怪石

狮子林内的假山石

看得眼花缭乱。在假山顶上，耸立着著名的五峰：居中为狮子峰，形如狮子；东侧为含晖峰，如巨人站立，左腋下有穴，腹部亦有四穴，在峰后可见空穴含晖光：吐月在西，势峭且锐，傍晚可见月升其上。两侧为立玉、昂霄峰及数十小峰相映成趣。清代文人朱炳靖钻过假山后写道："对面石势阻，回头路忽通。如穿几曲珠，旋绕势嵌空，如逢八阵图，变化形无穷。故路忘出入，新术迷西东。同游偶分散，音闻人不逢"。确实，把狮子林假山迷宫比作诸葛亮的八阵图，毫不为过。各种滋味，非亲临不能体察也。

总的来讲，狮子林是佛教的(历史沿革、建筑题名)，又是世俗的(富商重建、陈设华丽)；它是古老的(元代始建)，又是年轻的(20世纪20年代重建，是苏州最年轻的古典园林)；它是南北园林交流的典型，现在又成为中外交流的窗口。多种文化的碰撞，使狮子林在历史的演变中形成了目前的风貌，但在总体建筑格调和审美思想上与传统文化有继承、延续的特点，这正是狮子林作为世界遗产的价值所在。让我们更加精心地爱惜它、保护它，世世代代传承下去，让中华文化的瑰宝更加光彩夺目。

四 留园

苏州留园是全国“四大名园”之一

留园坐落于苏州阊门外留园路，历史上称阊门外下塘花步里，是全国重点文物保护单位，与苏州拙政园、北京颐和园、承德避暑山庄齐名，为全国“四大名园”。1997年列入“世界遗产名录”。

留园始建于明代万历二十一年(1593年)，为太仆寺少卿徐泰时的私家园林，时人称东园。袁宏道于万历二十四年作《园亭记略》，盛赞其宏丽轩举，内一石屏为周时臣所堆，高3丈，阔可30丈，如一幅山水横披画，无断续痕迹。又有“太湖石一座，名瑞云峰，高三丈余，妍巧甲于江南”。后来衰败，清初一度废为踹布坊，由布商所雇踏布者居住。园改为民居，一峰独存，其余不可复识。宅西北园相传重建于陈氏，因屡易主而圮坏。

清代乾隆五十九年(1794 年)，园为吴县东山刘恕所得，在“东园”故址改建，经修建于嘉庆三年(1798 年)始成，因多植白皮松、梧竹，竹色清寒，波光澄碧，故更名“寒碧山庄”，俗称“刘园”。刘恕喜好法书名画，他将自己撰写的文章和古人法帖勒石嵌砌在园中廊壁。后代园主多承袭此风，逐渐形成今日留园多“书条石”的特色。刘恕爱石，治园时，他搜寻了十二名峰移入园内，并撰文多篇，记寻石经过，抒仰石之情。嘉庆七年(1802 年)，著名画家王学浩绘《寒碧庄十二峰图》。

苏州留园幽静的小径两侧竹木林立

苏州留园一景

道光三年（1823年）开放，游者无虚日，人称刘园，号吴中名园之冠。太平军后，园幸存而荒芜不治。园宅先售与程卧云，住宅部分于同治十三年改建二程夫子祠，园则以5000金转售与曾任湖北布政使的常州盛康。园额为龙溪盛氏义庄，有庄田3000余亩。盛康《留园义庄记》云：同治“十有二年癸酉复于苏州阊门外花步街购得刘氏寒碧山庄，易名为留园”，改称留园是因刘园之名久传，即仍其音面易其字，并寓吴下名园俱遭兵灾，是园独留之意。盛大加修治。

光绪二年（1876年）俞樾作记，称“凉台燠馆，风亭月榭，高高下下，迤逦相属”。光绪十四至十七年，添辟东西两部，建鹿笼鹤亭。西部筑小蓬莱土山、十景花坞、蔬圃、草地（名射圃）、花房。东部即冠云峰一带，该峰原峙立于民宅间，刘恕不能得。经太平军与清军之战，民宅荒芜，盛于十七年购得峰前地，俱纳入园墙之内。据包天笑《钏影楼回忆录》，其花步里祖宅在太平军后夷为瓦砾场，田契尽失，亦为盛氏所得。盛又建“东山丝竹”戏台，临街西侧建祠堂及部分宅屋。园宅约40余亩，比昔日刘园更增宏丽。后又购程祠址，建四进大宅（今五福弄及程福里民居址)。

中华民国七年(1918年3月),留园再次被查封。由吴县县政府派员管理,贴邻房屋全部为第十六旅旅部借用。同年6月18日,园经修葺后开放游览。此时建筑尚完整,古树参天,远望气势蓊郁,人称“苏垣鸟类之大事营”。又有孔雀、鹤、猴之属。每年二三月中举行兰花会,名种荟萃,春秋佳日游客如云。为当时苏州第一游览胜处。民国二十一年淞沪抗战,留园曾充宁沪警备司令张治中的高级教官室。6月1日园经整理后又开放。1922年10月13日园再发还盛氏。1926年童寯《江南园林志》称“园内装折铺地女墙各尽其妙,而以铺地为优”。日军侵占初,盛氏雇人看管,假山花树尚完好。据1930年5月间《苏州新报》报道,尚可游赏。后自留园路中段以西全为日军占用。园中饲养军马,假山欲坠,精美家具被掠一空,抗日战争胜利后又沦为国民党部队马厩,五峰仙馆柱子被马啮成葫芦形,马粪积二三尺,门窗挂落破坏殆尽,上无片瓦,园内破壁颓垣、一片瓦砾。园东盛宅厅堂框架尚存,大部破坏不堪。至苏州解放前夕,还我读书斋、揖峰轩一带已成为乞丐难

苏州留园金鱼池

苏州留园五峰仙馆

民栖宿处。解放后，盛氏后人将园捐献给国家。

1953年，市政府决定抢修留园，先采以工代赈方式，清除园内瓦砾马粪。9月1日开始施工。对五峰仙馆、揖峰轩等残破建筑，扶直加固，接补移换，保存原结构，细心修复；对冠云台等坍毁而尚存基础者，按原风格重建；对全部坍毁而基地不详，特别是北部的少风波处、花好月圆人寿轩、心旷神怡之楼(走马楼)、亦吾庐、半野草堂等残余建筑，或拆除为廊，或植竹园。亦吾庐楼厅改建为佳晴喜雨快雪之亭。又一村处仅余荒地，则改置葡萄架及小桃坞，以其田园风味与附近环境相协调。门窗装修则收购自旧货市场

苏州留园揖峰轩

或私家旧宅。盛家祠堂中 100 多扇门窗挂落亦拆下移入园中。年末修复竣工，1954 年元旦开放。国内外人士争来游赏，同声赞誉名园重光。留园 1961 年被列为全国第一批重点文物保护单位，渐被称为全国四大名园之一。

留园占地约 50 亩，大致可分中、东、西、北四个景区，其间以曲廊相连。迂回连绵，长达 700 余米，通幽度壑，秀色迭出。中部是原来寒碧山庄的基址，中辟广池，西、北为山，东、南为建筑。假山以土为主，叠以黄石，气势浑厚。山上古木参天，显出一派山林森郁的气氛。山曲之间水涧蜿蜒，仿佛池水之源。池南涵碧山房、明瑟楼是故园的上体建筑，楼阁如前舱，敞厅如中舱，形如画舫。楼阁东侧有绿荫轩，小巧雅致，临水挂落与栏杆之间，涌出一幅山水画卷。涵碧山房西侧有爬山廊，随山势高下起伏，连接山顶闻木樨香轩。山上遍植桂花，每至秋日，香气浮动，沁人心脾。此处山高气爽，环顾四周，满园景色尽收眼底。池中小蓬莱岛浮现于碧波之上。池东濠濮亭、曲溪楼、西楼、清风池馆掩映于山水林木之间，进退起伏，错落有致。池北山石兀立，涧壑隐现，可亭亢于山冈之上，有凌空欲飞之势。

东部重门叠户，庭院深深。院落之间以漏窗、门洞、廊庑沟通穿插，互相对比

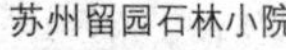
苏州留园石林小院

映衬，成为苏州园林中院落空间最富变化的建筑群。土厅五峰仙馆俗称楠木厅，厅内装修精美，陈设典雅。其西，有鹤所、石林小院、揖峰轩、还我读书处等院落，竹石倚墙，芭蕉映窗，满目诗情画意。林泉耆硕之馆为鸳鸯厅，中间以雕镂剔透的圆洞落地罩分隔，厅内陈设古雅。厅北矗立着著名的留园三峰。冠云峰居中，瑞云峰、岫云峰屏立左右。冠云峰高 6.5 米，玲珑剔透，相传为宋代花石纲遗物，系江南园林中最高大的一块湖石。峰石之前为浣云沼，周围建有冠云楼、冠云亭、冠云台、伫云庵等，均为赏石之所。

苏州留园内的冠云峰

西部以假山为主，土石相间，浑然天成。山上枫树郁然成林，盛夏绿荫蔽口，深秋红霞似锦。至乐亭、舒啸亭隐现于林木之中。登高望远，可借西郊名胜之景。山左云墙如游龙起伏。山前曲溪婉转，流水淙淙。东麓有水阁“活泼泼地”，横卧于溪涧之卜，令人有水流不尽之感。

北部原有建筑早已废毁，现广植竹、李、桃、杏，“又一村”等处建有葡萄、紫藤架。其余之地辟为盆景园，花木繁盛，犹存田园之趣。

苏州留园最著名的是它的假山奇石

四个区块各自呈现不同的特色，相互之间布局紧密，利用建筑群对各景点进行隔断，同时又通过窗棂将景物相连，并建造曲廊连接全园各部分，依势曲折，通幽渡壑，长达六七百米。

留园最著名的是假山奇石之多姿多彩。它的三任主人徐泰时、刘恕和盛康都是好石之士，这是园中多奇石且极富观赏价值的主要原因。古石除冠云等三峰外，刘园十二峰尚存十一，其他还有刘恕品题过的晚翠、断霞、日华等奇石。

苏州园林空间艺术具有明显的地方特色，是吴文化的一个重要组成部分。苏州地处太湖之滨，气候宜人、四季分明、风景秀丽、人杰地灵、人文荟萃，在这样的自然环境和人文环境下，形成了苏州人特有的生活方式和城市风貌。苏州人不追求雄伟壮大，更喜小桥流水、小巧玲珑，优美的园林建筑造型和装饰风格具有浓郁的地方特色，粉墙黛瓦、色彩典雅，特有园林空间艺术语汇构成了独特的苏州园林艺术的风格。作为中国古典文化中的一朵奇葩，其丰富的文化内涵、深邃的造园思想和精湛的艺术形式，还有待进一步的研究探索、发扬光大。

附：苏州园林的主要遗存

从宋代起经元、明、清的千余年来，苏州作为著名的园林名城，至今仍保存着许多独树一帜的私家园林。据《苏州府志》统计，苏州在周代有园林 6 处，汉代 4 处，南北朝时有 14 处，唐代 7 处，宋代 118 处，元代 48 处，明代 271 处，清代 130 处。现存的苏州园林大部分是明清时期的建筑，在 16—18 世纪的全盛时期，苏州有园林二百余处，现在保存尚好的有数十处，并因此使苏州有“江南园林甲天下，苏州园林甲江南”的美誉。

沧浪亭，苏舜钦于北宋时期建造。特点：因地制宜，巧于因借，山水并重，长廊取胜。

网师园，史正志于南宋时期建造。

留园池中的游鱼

留园一景

怡园一景

怡园占地不大，但吸取了各园之长，巧置山水，自成一格

特点：园内布局玲珑紧凑，景观似断似续，处处贯通，有行回不尽之致，是以少胜多的小园极则。

狮子林，元代天如禅师建造。特点：园中的花木、池水、建筑与假山有机地结合，以假山取胜。

拙政园，明代王献臣建造。特点：园林的分割和布局非常巧妙，把有限的空间进行分割，充分采用了借景和对景等造园艺术。

留园，明代徐泰时建造。特点：建筑结构为特长，布局严谨紧密，装饰精巧别致，门户重叠，变化多端。

艺圃，袁祖庚于嘉靖时期建造。特点：布局开朗简练，风格质朴自然，以文取胜。

颐园，蒋楫于乾隆时期建造。特点：以假山之妙而著称，外观虽如一堆拳石，进则仿佛置环秀山庄，身于千岩万壑之中。

藕园，清代陆锦建造。特点：黄石叠山，构园布局讲究易理，寄寓爱情主题。

退思园，清代任兰先建造。特点：因地制宜，巧妙理水，寄托江湖之思。

怡园，清代顾文彬建造。特点：博采诸园之长，布局紧凑，手法得宜。